ZEUGEN DES SCHRECKENS

ZEUGEN DES SCHRECKENS

Erlebnisberichte aus der Völkerschlachtzeit in und um Leipzig

zusammengestellt von Thomas Nabert
unter Mitarbeit von Ursula Drechsel,
Michél Kothe, Andrea Nabert
und Theresa Schmotz

PRO LEIPZIG 2012

INHALT

VORWORT

Die Leipziger Völkerschlacht von 1813 ist mit Abstand das schrecklichste Ereignis in der Geschichte der Stadt und Region. Schon Tage und Wochen zuvor, erst recht während und nach der Schlacht wurde bei Einquartierungen, Durchmärschen und Plünderungen alles Nahrhafte und Brennbare aufgesogen. Mit bis zu 600 000 beteiligten Soldaten war sie bis zum Beginn des 20. Jahrhunderts die größte Feldschlacht der Weltgeschichte. Niemals zuvor waren Menschen Zeugen eines derart gewaltigen Gemetzels. Auf beiden Seiten hatte es schwerste Verluste zur Folge. Schätzungen reichen bis zu 100 000 getöten oder schwer verwundeten Kriegern. Noch Wochen nach dem Kampf waren die Felder um die Stadt mit Leichen übersät. Viele der Verwundeten - allein die Franzosen und ihre Verbündeten ließen 23 000 Mann davon in Lazaretten und 15 000 Gefangene zurück - starben in den folgenden Tagen aufgrund ihrer Verletzungen, der fehlenden ärztlichen Versorgung und der ungenügenden hygienischen Maßnahmen. Nach der Schlacht grassierte in Leipzig eine Typhus-Epidemie. Sie raffte nun auch in großer Zahl die Leipziger hinweg.

Schon 1814 wurde in Leipzig ein Verein zur Feier des 19. Oktober gegründet. Er wollte in erster Linie das Gedächtnis an die Völkerschlacht in möglichst treuer Überlieferung der Nachwelt erhalten, sammelte Zeugnisse und Berichte von Augenzeugen. Wie viele dieser Zeugen traumatisiert waren, geben die Quellen nicht her. Berichtet wird aber von Menschen, die allein angesichts des Schreckens starben. Diese Form des Gedenkens hatte ihren Höhepunkt mit dem 50. Jahrestag der Schlacht wohl schon überschritten. Das Trauma verblasste, die Zeugen des Schreckens verstarben, ihre Berichte schrieb man zeitgemäß um. Neue, siegreiche und aus der Ferne betrachtete Schlachten drängten das Andenken an 1813 bald schon in den Hintergrund. Aber auch der Gegenstand des Gedenkens änderte sich. Schon 1814 forderte Ernst Moritz Arndt in Folge der Völkerschlacht „teutsche Nationalfeste". Sie fanden ihren Höhepunkt mit der pompösen Einweihung des Völkerschlachtdenkmals in Leipzig 1913 - ein Jahr vor Beginn des Ersten Weltkrieges.

Das Buch ist eine bisher einmalige Zusammenstellung von Berichten ziviler Zeugen über Opfer und Zerstörungen des Gemetzels. Wo möglich, wurden deren handschriftliche Aufzeichnungen oder Erstveröffentlichungen verwendet.

Thomas Nabert

Ludwig Wilhelm Gottlob Schlosser, Pfarrer in Großzschocher

Mit großem Eifer führte er die Pfarrchronik von Großzschocher, einer handschriftlichen Aufzeichnung, die sich bis heute im Kirchenarchiv der Apostelkirche befindet. Die Ereignisse vor und während der Völkerschlacht sind darin authentisch, jeweils nach wenigen Tagen des Geschehens, wiedergegeben.

Die Historikerin Theresa Schmotz transkribierte diese Handschrift 2006 erstmals vollständig im Auftrag der Interessengemeinschaft „Chronik Großzschocher-Windorf" und erarbeitete außerdem eine umfassende Biografie über deren Verfasser. Letztere veröffentlichte sie 2007 in dem bei Pro Leipzig erschienenen Buch „Großzschocher-Windorf. Aus der Geschichte eines Leipziger Ortsteils", Ergänzungsband 2. Sowohl Theresa Schmotz als auch der Interessengemeinschaft gilt ein besonderer Dank für die geleistete Arbeit, die den folgenden Ausführungen zugrunde liegt.

Ludwig Wilhelm Gottlob Schlosser wurde am 27. Dezember 1774 in Roda bei Altenburg geboren. Sein Vater war der Wundarzt Friedrich Gottlob Schlosser, der als Haushofmeister bei der Witwe des herzoglichen Prinzen Johann August von Sachsen-Gotha und Altenburg angestellt war. Seine Mutter Johanna Wilhelmina war die älteste Tochter des Superintendenten Johann Balthasar Oschmann aus Ichtershausen bei Gotha. 1785–1793 besuchte er das Gymnasium bei Schleiz/Vogtland. Es folgte ein Theologiestudium in Erlangen. 1796 ging er nach Leipzig, dann nach Altenburg und Frohburg. Dort arbeitete er als Hauslehrer. 1797 trat er eine Hauslehrerstelle in Nürnberg an. Seine erste Anstellung als Pfarrer erhielt er 1798 in Drackendorf bei Jena. 1811 wurde er als Pfarrer nach Großzschocher-Windorf gerufen, wo er bis zum 30. September 1855 blieb. Am 20. Juni 1859 starb er in Lindenau.

Schlosser war auch als Autor tätig und verfaßte mehrere Bücher zu biblischen und historischen Themen, darunter „Erlebnisse eines sächsischen Landpredigers in den Kirchenjahren von 1806 bis 1815", Leipzig 1846, in die vor allem seine Aufzeichnungen für die Chronik der Kirchgemeinde Großzschocher-Windorf einflossen, aber auch viele subjektiv gefärbte Kommentare. Die im folgenden wiedergegebenen Eindrücke aus dem Jahr 1813 sind der Handschrift Schlossers dagegen direkt entnommen und wurden in dieser Vollständigkeit und Authentizität noch nicht veröffentlicht. Der Text wurde bis auf wenige Ausnahmen, wie Auflösung einiger Abkürzungen oder Korrektur offensichtlicher Schreibfehler, nicht verändert.

Ludwig Wilhelm Gottlob Schlosser

„UNSER ELEND WUCHS MIT JEDEM AUGENBLICKE"

Aus der Pfarrchronik von Großzschocher 1813

Auch in diesem Jahre und zwar im Monat März, drückte Einquartierung das Dorf. Italienische Schanzgräber und Stükknechte, erst 90 Pferde mit etwa 60 Mann, dann 176 Pferde mit 100 Mann, dann wieder die erstere Anzahl, lagen 3 Wochen hier. Heu und Hafer wurden fast ganz aufgezehret, von letzterem bei manchen der Saamen angegriffen. Der Offizier führte sich ganz schaamlos auf. Er hatte oft 4 Huren aus Leipzig Tag und Nacht bei sich. Eine kam gar nicht von ihm weg. Doch waren diese Leute weit genügsamer und umgänglicher als die Franzosen.

Am 6ten im April kamen die ersten Kosaken, 51 Mann, hier durch, ohne etwas zu verlangen. Später, besonders zu Ostern, lagen mehrmals, bald stärker, bald schwächer russ. Einquartierungen hier. Sie fielen beschwerlich durch ihre Menge, ihr vieles Essen, einzelne durch Trunkenheit; aber im ganzen haben sie das allgemeine Lob der höchsten Gutmüthigkeit, der Frömmigkeit, der strengsten Mannszucht hinterlassen, und auch dieses muß ihnen nachgerühmet werden, daß sie alles aßen, was der Hauswirth hatte, daß die Offiziere höchst freundlich und ungänzlich dankbar und höflich waren, auch sich alles für ihr Geld kauften, was sie besonders genießen wollten. Bei der zweiten Ankunft (*über der Zeile:* Rückkehr aus Frankreich) zeigten sie sich aber sehr schlecht.

Am vorletzten im April gegen Abend und in der Nacht gingen hier 15 Regimenter Russen durch und bezogen ein Lager bei Zwenkau, welches bis an Zöbigker reichte. Am folgenden Tage, so wie am 1ten und 2ten Mai erfolgte dann die denkwürdige Schlacht bei Lützen. In große Gefahr gerieth das hiesige Dorf, als eine Abtheilung Franzosen und Preußen sich nach Schönau, von da auf unsere hiesige Flur zogen und am Steinbruche 2 Batailon aufführten und sich gegenseitig beschossen, so daß auch mehrere Kugeln hinter dem Herrenhause vorüberflogen. Noch angstvoller wurde unsere Lage dadurch, daß die Russen unsere 3 neuen Brücken, nebst der Oelmühle in Brand steckten.

Aufs Aergste bemüht, Menschen zum Abtragen der Brücken zusammenzutreiben, war mir es doch nicht möglich dies faule, säumige, erstorbne Volk zu einer gemeinschaftlichen Anstrengung zu bringen. Niemand rührte Hand oder Fuß, das Abtragen der Brücke, welches der russ. Offizier erlaubte, zu bewirken, aber Gott verhütete unseren Untergang, die Brücke brannte nicht (*am Rand:* eine ausgenommen, die Strumpebrükke genannt), die Kanonenkugeln trafen nicht, die Truppen zogen sich nach Leipzig, und wir entgingen dem schrecklichen Schicksal unserer Nachbarn, welche abbrannten oder völlig ausgeplündert wurden. Die Russen und Preußen nahmen blos Lebensmittel, aber die Franzosen alles Nehmbare, und was sich nicht fortschaffen lässt, zertrümmerten sie, als völlig entmenschte Barbaren.

In Folge dieser (*über der Zeile:* von den Franzosen) gewonnenen (*am Rand eingefügt:* mehr von den Verbündeten abgebrochenen) Schlacht blieb nun immer Einquartierung unser Los, und als am 4ten Juni ein Waffenstillstand geschlossen und bis in die Mitte des Aug. verlängert wurde, kam eine Anzahl Stükknechte mit 70 und zuletzt mit 49 Pferden auf 12 Wochen hierher ins Standquartier. Der Verbrauch des Heues war unglaublich. Lange Zeit wurden wöchentlich 70 Zentner gebraucht. Endlich zu Anfange August zog diese Mannschaft an und wir blieben bis heut, als dem Ende dieses Monats, frei.

Dagegen wurde nun eine ununterbrochene Reihe von Steuern und Lieferungen ausgeschrieben. Bald 4rl. *(Taler)* bald 2rl.16gl. *(Groschen)* auf die Hufe, bald Stroh, bald Weitzen, bald Fleisch, ¼ Ztl. *(Zentner?)* auf die Hufe, dazu 4 Schfl. *(Scheffel)* Hafer, 1 Schfl. Korn, völlig unerschwinglich für mich da die Pfarre dies alles auf 3 1/5 Hufe (à 30 Akker) geben muß.

Gleich zu Anfange September kamen aufs neue italienische Stükknechte, erst 30, dann 60 und mehr Mann, mit 59 Pferden, die zuletzt auf 38 schmolzen, 1 Offizier und 2 Rossärzten hierher und blieben bis zum 5ten Oct. hier, indem immer abwechselnd größere und kleinere Haufen kranker und matter

Soldaten, einmal so gar 100 Mann noch nebenher einquartiert wurden. Sehr drückend war einmal gegen Ende September eine Einquartierung von 300 Mann polnische Reiter, welche aber nur eine Nacht hier blieben.

Das härteste aber, was uns bis daher betroffen hat, war unstreitig das Feldlager, welches am Sonnabend gegen Abend, von dem 16ten Sonnt. p.trin. *(nach Trinitatis, Trinitatis ist der erste Sonntag nach Pfingsten)* vor unserem Dorfe, an 600 würtemb. Reitern, 600 franz. Fusknechte und viele Spannbauern, am Wällnerischen und Cichoriussischen Hause (*eingefügt:* an den Pflanzenbeeten) geschlagen wurde. Heu und Stroh, Holz und Säkke, Töpfe und Schüsseln, Schubkarren und Eimer, wurden genommen, wo sie waren. Ich selbst verlor alles Stroh, viel Heu und andere Sachen. Hafer wurde nicht nur für 6-700 Pferde reichlich gefüttert, sondern auch noch einige 40 Scheffel auf den Weg mitgenommen. Die Verwirrung und Betäubung war so sehr groß, daß nicht gepredigt, sondern nur nachmittags eine Kriegsbetstunde gehalten werden konnte.

Am 6ten im Oct. musste das Dorf 1 800 Pfund Brot, 1 Ochsen, 800 Rationen Hafer und 4 Wagen Heu liefern. Am 7ten musste nach Lindenau gegeben werden 200 schwere Rationen Hafer und Heu, 200 Rationen Brot, Butter, Fleisch, Bier, Brandtwein. Am 8ten glaubten wir frei zu sein, aber noch in der Nacht mussten 200 Rationen Hafer und Heu und eben so viel Portionen Brot und Fleisch geschafft werden.

Am 9ten rückten 500 Mann berittene k.k. franz. Ehrenwache ein und blieben über Nacht hier. Zugleich kamen Stükknechte aus Leipzig nach Windorf und nahmen, auf einen Schein der Kriegsdelegation, Heu, so viel sie wollten. Die Schäferei wurde alles Futters beraubt. Nicht besser ging es den Nachbarn. Unsere Angst und unser Elend wuchsen mit jedem Augenblicke. Einzelne Haufen Kosaken kamen bis Zöbigker und einer bis aufs Windorfer Feld. Am 10ten als einem Sonntage waren wieder große Leistungen, so daß gar keine Kirche gehalten werden konnte. Spät abends noch eine Lieferung.

Am 11ten dergleichen bei früher Zeit. Am 12ten wurde 4 Mal fouragiert, und wir waren dadurch schon außer uns; aber zwischen 7 und 8 Uhr rückten mit einem furchtbaren Geschrei 2 Regimenter franz. Reiterei aus Spanien (*unten eingefügt:* Augereaus Dragoner zunächst aus Baiern kommend) und 1 Bataillon Fußvolk hier ein, so daß mancher Hauswirth 80 und 100 Mann hatte. Ich selbst hatte 14 Reiter mit ihren Pferden.

Am 13ten gegen 10 Uhr des Vormittags rückten diese Leute wieder aus und nahmen viel Futter, Brot und Federvieh aus den Häusern mit fort. Auch holten 200 Italiener während ihres Hierseins Futter nach Leipzig. Der ganze

Nachmittag war ruhig, und es fingen Kosaken und österreichische Husaren an durchzureiten. Die Nacht auf den 14ten war ganz ruhig; eben so der Vormittag des 14ten. Aber am Mittage erhob sich eine schrekliche Kanonade jenseits der Pleiße, bei den Dörfern Wachau, Liebertwolkwitz p.p. Die Nacht auf den 15ten war ruhig.

Am 15ten holten Russen und Österreicher Futter und Lebensmittel, doch in geringen Quantitäten. Auch nahmen die Soldaten 4 Pferde hier weg. Der Mangel an Brandtwein setzte uns in Verlegenheit. Alles fragte danach, insonderheit die Kosaken.

Vom 16ten an war es nicht mehr möglich, diese Nachrichten täglich fortzusetzen. Die Schreknisse wurden zu gros und die Nothwendigkeit zur Rettung dringend. An diesem Tage war die Schlacht (*Ergänzung:* Fürst Schwarzenberg unternahm eine große Regnoscierung mit Reiterei). Die Kosaken und Ungarn nahmen Futter und Lebensmittel und endlich was sie fanden.

Am 17ten war keine Schlacht, aber Plünderung im Dorfe. Am 18ten begann die große Leipziger Schlacht, wovon ein Theil auch hierher kam. Um nämlich die Franzosen zu verhindern, aus Lindenau hervorzubrechen und den k.k. österreichischen Truppen, welche im Wald, nach der Connewitzer Strasse zu standen, in den Rükken zu fallen, rückte General Szalich unter mit einem Corps von M.Ranstädt herein, stellt sich am 18ten bei Windorf auf und griff den bis Kleinzschocher vorgerückten Feind an. Die Franz. drangen endlich bis in unser Dorf. Kugeln von Kanonen, Granaten schlagen in Menge, beschädigten hin und wieder Dächer, zündeten aber nicht und töteten auch keinen Einwohner.

Von hier bis Lindenau war nun völlige Schlacht. Man musste sich in Kellern verbergen. Abends endigte sie damit, daß sich jeder Theil auf seine Stellung zurück zog. Am 19ten schüzten die geschlagenen Franz. ihren Rückzug auf der Lützener Straße dadurch, daß sie ihre linke Seite mit polnischer Reiterei dekte, welche auch, nebst einigen Schützen unser Dorf erfüllten. Da aber die Österreicher die Brücken abgetragen hatten und sich auf die Vertheidigung des rechten Elsterufers beschränkten; so blieb es beim Hin- und Herschießen über den Fluß. Unsere Angst aber, daß die Feinde sich aufhalten und plündern mögten, war sehr groß, denn unstreitig hätten sie es noch gründlicher gemacht, als die Ungarn und Kosaken welche dies arme Dorf 7 Tage lang plünderten.

Seit jenen traurig-freudigen Tagen mussten wir nun alle Folgen des Krieges empfinden. Starke Steuern, Spannfuhren, sehr ungezogene russ. Offiziere (nämlich ein General und ein Rittmeister mit einer Leipziger Hure, die hier die gnädige Frau spielte, nebst etwa 40 Mann russ. Landwehr, lagen bis fast Ende Jahres hier), Theurung aller Lebensmittel, ein verheerendes Nervenfieber, welches in Leipzig den 10ten Menschen wegraffte und endlich die Viehseuche häuften ein ungewöhnliches Maß von Noth auf unsere Häupter. Die Erndte dieses Jahres war zwar nur mittelmäßig an Schokken aber reichlich an Körnern, die ein vortreffliches Mehl gaben. Auch wurden viel Kraut und Kartoffeln erbaut.

Als Dank für die Bestattung eines Kosaken erhielt Pfarrer Schlosser dieses Zwei-Kopeken-Stück. In Papier eingewickelt, versehen mit seiner Unterschrift, wurde es 1908 beim Umbau der Apostelkirche wiedergefunden.

Auguste Vater, Pfarrerstochter aus Seifertshain

Zur Zeit der Völkerschlacht war Auguste Vater 16 Jahre alt, führte eifrig Tagebuch und wurde so zu einer wichtigen Zeitzeugin. Während der Gefechte selbst weilte sie in Albrechtshain und Naunhof, kehrte aber bald mit ihrer Familie zurück und erlebte das Elend der Verwundeten, das sie mit großer Detailgenauigkeit schilderte.

Der Verbleib ihrer originalen handschriftlichen Aufzeichnungen konnte leider nicht ermittelt werden. Doch im Jahre 1845, also reichlich drei Jahrzehnte nach dem Geschehen, veröffentlichte Auguste Vater ihre Erinnerungen unter dem Titel „Was wir erlebten im October 1813" als Denkschrift für den „Verein zur Feier des 19. Octobers" in Leipzig. Diese Schrift wird im folgenden fast vollständig wiedergegeben. Sie folgt offenbar in größeren Passagen den jugendlich-naiven Aufzeichnungen aus dem Jahre 1813, enthält aber auch subjektive Einschätzungen, die nur aus der großen zeitlichen Distanz zum Geschehen erklärbar sind.

Eine Zusammenfassung des Textes von Auguste Vater, erschienen in der „Neuen sächsischen Kirchengalerie" 1911, ließ 1987 der Seifertshainer Pfarrer Johannes Langer in kleiner Auflage nachdrucken.

Auguste Sophie Vater wurde am 22. April 1797 in Seifertshain geboren. Ihr Vater, Carl Gottlieb Vater (geb. 1762 in Tzschecheln/Niederlausitz, gest. 1850 in Leipzig) war von 1787 bis 1845 Pfarrer in Seifertshain. Die Mutter war Charlotte Wilhelmine Vater, geborene Fabel (geb. 1770, gest. 1844 in Seifertshain). Auguste Vater hatte 3 ältere und 2 jüngere Geschwister: Carl Adolf (geb. 1789), Wilhelmine Emilie (1792–1841), Friedrich Otto (geb. 1794), Eduard (geb. 1799), Hermann Julius (1808–1814). Die Familie bewohnte das Pfarrhaus in Seifertshain. Auguste Vater starb am 13. Februar 1876 in Leipzig. Seit 2010 erinnert eine Gedenktafel am Pfarrhaus in Seifertshain an sie.

Ein besonderer Dank gilt Michél Kothe, dem Verein Preußen von Möckern 1813 e.V., dem Sanitäts- und Lazarettmuseum Seifertshain und dem Soziokulturellen Zentrum KuHstall e.V. in Großpösna. Sie stellten nicht nur die Abschrift der 1845 herausgegebenen Denkschrift zur Verfügung, sondern begaben sich auch auf Spurensuche nach biografischen Angaben zu Auguste Vater. Das Original der Veröffentlichung von 1845 befindet sich im Sanitäts- und Lazarettmuseum Seifertshain bzw. in der Bibliothek des Soziokulturellen Zentrums KuHstall e.V. in Großpösna.

Die Kirche Seifertshain, um 1840

„HEULEND UND ZISCHEND FLOGEN DIE KANONENKUGELN UND GRANATEN ÜBER UNSERE KÖPFE HINWEG"

Was wir erlebten im October 1813, verfaßt 1845

Die Gerüchte von den bedeutenden Fortschritten der Alliirten erneuten sich Mitte September jeden Tag und der immer mehr nahende Kanonendonner bestätigte sie kräftig. Man fing an zu vermuthen, daß es wohl in der Nähe von Leipzig zu einer entscheidenden Schlacht kommen könne und bereitete sich, durch Verbergen einiger werthvollen Sachen, für solch' einen Fall vor. Da jedoch Nachrichten und Kanonendonner ein Paar Wochen sich gleich blieben, ohne daß etwas Neues daraus hervorging, ja der Kanonendonner fast zum täglichen Brode geworden war, ward man wieder ruhiger und sicherer oder auch gleichgültiger. Die Gegenwart beschäftigte mit ihren wechselnden Scenen zu sehr, als daß wir Zeit gehabt hätten, so viel über die ungewisse Zukunft nachzudenken. – Lebte doch die einzige große Hoffnung in allen Gemüthern, daß es bald anders und besser werden müsse und würde!

So war der 10. October, ein Sonntag, herangekommen, und schon früh um 6 Uhr begann große Unruhe, indem ein Trupp Soldaten nach dem anderen bei uns einsprach, um sich durch Speise und Trank zu stärken. Wir hatten den ganzen Vormittag unausgesetzt zu kochen und auszutheilen, um alle die Hungrigen zu befriedigen. Eben so ging es im Dorfe. Auch wurden auf's Neue große Transporte von Lebensmitteln und Fourage in die Lager gehohlt und überall gab es kriegerisches Geräusch.

Kaum hatten wir uns von der vormittägigen Unruhe etwas erholt, so kamen mehrere französische Officiere und meldeten einen schwer verwundeten General an, der mit seinem Gefolge bei uns übernachten wollte. Alles setzte sich sogleich auf's Neue in Bewegung, um für die baldmöglichste Aufnahme dieser neuen Gäste zu sorgen, die unendlich viele Bedürfnisse für ihren General hatten; und noch war nicht Alles zu Stande gebracht, als er selbst in einem sargähnlichen Wagen angefahren kam, mit ihm mehrere holländische Officiere, Wundärzte und eine zahlreiche Dienerschaft. Sämmtliches Gefolge war, wie gewöhnlich, ganz verhungert; sie fielen augenblicklich mit großer Begier über die aufgetragenen Speisen her und versicherten uns dabei, daß wir bald große Dinge hier sehen würden. Die Wundärzte beschäftigten sich inzwischen mit dem Transport des verwundeten Generals, der sehr schwierig zu sein schien. Sie machten große Anstalten dazu, änderten sie immer wieder und am Ende rief der General verdrüßlich zum Wagen heraus: „Er wolle nun gar nicht hierbleiben, man solle nur schnell wieder aufbrechen, um noch nach Leipzig zu kommen." So ging der ganze Zug, wie ein Gewittersturm wieder fort und wir hatten nur die vergeblichen Anstalten zurückzunehmen.

Hunderte von unbewaffneten, elenden Soldaten zogen den Nachmittag noch vorüber. Die meisten blieben in der Nähe des Dorfes liegen und zum Abend wollten alle in die Häuser aufgenommen sein; die Anzahl dünkte jedoch den Bauern oft zu groß und wie eine Heerde Schafe trieben sie jetzt die ehemaligen übermüthigen Sieger, die sie nicht alle beherbergen konnten oder mochten, die Straße hinaus dem nächsten Dorfe zu. Das Mitleid ließ ihnen dennoch jede Nacht eine Menge Gäste, von denen gewöhnlich am Morgen mehrere gestorben waren – auch wir hatten täglich Gelegenheit, Elende dieser Art zu erquicken, die oft nur aus Hunger bis zum Tod ermattet waren. Die beiden folgenden Tage, Montag und Dienstag, waren gleichfalls unruhig durch fortdauernde Durchmärsche von Ueberresten der Baiern, Württemberger und Franzosen, die aber versicherten, daß die östreichische Armee bald hinter ihnen kommen werde; auch erneuerte sich der Kanonendonner stärker; dies Alles war man indeß seit Wochen her gewohnt zu hören, und daher trug der Vater kein Bedenken, Mittwochs den 13. October einen Gang mit mir und ein Paar Kindern nach Leipzig zu machen, der Geschäfte halber schon längst nothwendig gewesen wäre.

Wir machten uns am frühen Morgen auf; es war Alles Still. Nur in der Ferne sahen wir einige französische Piquets *(Piquet ist als Patrouille, Feldwache, kleine Gruppe von Soldaten bzw. Vorhut zu deuten)* und hörten bisweilen einige dumpfe Kanonenschüsse. Bald ward es jedoch lebendiger, da wir Stötteritz näher kamen. Hier war das ganze große Dorf von bivouaquirenden Soldaten umringt und der Eintritt in die erste Gasse zeigte uns überall schreckende Kriegsscenen, die selbst die Nähe entscheidender Vorgänge ziemlich klar bewiesen, denn hier ging es bunt über. Alle Häuser waren mit Soldaten angefüllt, die ungescheut raubten und plünderten. Hier lief einer mit kreischenden Hühnern und Gänsen, dort einer mit Kleidern und Wäsche; Andere brachen die Stakete und Gartenzäune ab, schleppten Tische und Bänke dem Feuer zu. Ein Zweiter brachte jubelnd einen Topf voll Geld aus einem Hause und lief lachend in den nächsten Garten, um den Fund zu theilen, während Weiber und Kinder jammervoll hinter ihm herschrieen. Jedes Haus bot neue Schreckensscenen, die wir nicht erwartet hatten, noch nicht kannten, und man kann sich denken, wie uns zu Muthe ward! Selbst der Vater bereuete, den Gang unternommen zu haben; doch war er wegen der Wichtigkeit seiner Geschäfte entschlossen, auf jeden Fall die Stadt zu erreichen, da wir nur noch eine halbe Stunde davon entfernt waren. Je näher wir kamen, je mehr ward die Ueberzeugung fest, daß hier die ganze französische Armee zusammengedrängt sei und mithin die Alliirten sehr Nahe sein müßten.

Die ganze große Fläche, die man von hier aus sehen konnte, war mit Soldatenmassen angefüllt, die nächsten Umgebungen der Stadt bildeten ein großes Lager, in welchem die lauteste Bewegung und jeder kriegerische Lärm herrschte; wir konnten es nicht umgehen, kamen indeß unangefochten hindurch, fanden aber das grimmaische (Hospital-) Thor verschlagen und verspallifabiert, nur ein einziges, das Kohlgärtner (jetzt Dresdner) Thor, war noch offen – wir eilten ihm zu, doch rieth man auch hier dem Vater, sobald als möglich wieder hinauszuziehen, weil auch dieses wahrscheinlich sehr bald geschlossen würde.

Alle unsere Freunde begrüßten uns mit dem größten Erstaunen – und konnten nicht genug bewundern, wie wir unter den Umständen hätten wagen können, das Haus zu verlassen; sie belehrten uns nun vollständig über die Lage der Dinge, von denen wir wohl Einzelnes gehöhrt, es jedoch, früheren Erinnerungen zufolge nicht für so gewiß und nahe gehalten hatten. Alles, was wir jetzt im Laufe des Tages sahen, machte die Wahrheit dieser Nachrichten unzweifelhaft. Die Stadt war dergestalt mit Truppen angefüllt, daß man nur mit Mühe durch die auf- und niederwogenden Massen drängen konnte, unruhig und gespannt liefen Soldaten und Officiere jeden Ranges, jeder Waffengattung hin und her. Zu allen Thoren wurden Verwundete eingebracht; das Corps des Königs von Neapel zog heraus, das Augereausche Corps zog zum Petersthore herein. Thore und Pforten wurden befestigt, während dem der nahe Kanonendonner den tumultuarischen Lärm noch übertönte.

Die Unruhe und Zerstreuung, die natürlich in allen Häusern herrschte, hielt auch uns mit den Geschäften länger auf als wir wollten, so daß es schon über 5 Uhr war, als wir endlich die Stadt verließen. Im Thore rief ein Thorbeamter dem Vater nach, daß er doch nicht auf dem gewöhnlichen Wege gehen möchte, weil so eben das Corps des Königs von Neapel auf der Grimmaischen Straße ausgezogen sei; man würde uns dort nicht mehr durchlassen, denn in der Nähe von Seifartshain wäre schon die östreichische Armee angekommen, sehr leicht könnten wir auch auf dem anderen Wege, über Zweinaundorf, schon Kosaken antreffen, denn die Alliirten seien überall ganz nahe; um uns zu überzeugen, sollten wir nur rechts und links einen Blick auf die Höhen nach Schönefeld und Connewitz zu, werfen. Wir thaten das, und ich kann den überwältigenden Eindruck nicht beschreiben, den es auf uns machte. Hier die russische und preußische Armee und dort einen Theil der ostreichischen in dunkelen Massen zu sehen, und dabei im Mittelpunkte der französischen Armee, mitten in einem lärmenden Lager, sich zu befinden. Es war ein Gemisch hoher Freude über die sichtbar nahe Erfüllung längst gehegter Hoffnungen und von Schreck über die Gefahren, die dadurch unserm Rückweg drohten; ich verlor den Muth, der mir den ganzen Weg übergeblieben war. – Doch verlor der Vater glücklicherweise den seinigen nicht und ermunterte uns, nur rasch vorwärts zu schreiten. Wir machten den Weg über die Kohlgärten, Zweinaundorf und Baalsdorf, geriethen aber hier auf's Neue in's geräuschvollste Drängen und Treiben.

Der ganze Fußsteig war mit Flüchtigen bedeckt, die mit ihren Habseligkeiten der Stadt zueilten. Weiber und Kinder, Kranke und Wöchnerinnen, in Betten und auf Schubkarren gepackt, kamen weinend und wehklagend uns entgegen. Dazwischen drängten sich rasch die bivouaquirenden Soldaten, um alles Eß- und Brennbare noch herauszuholen. Dort lief zwischen den Häusern und Gärten überall brüllendes Vieh umher, das die gierigen Soldaten vergeblich festzuhalten suchten, doch einiges schlachteten. Weiterhin durchsuchten sie auf dem nahen Felde ein Paar vorübereilende Leute und nahmen alles Brauchbare mit sich – wir mußten fürchten, daß auch an uns die Reihe kommen würde und der Vater hatte eine nicht unbedeutende Summe Geld bei sich. Mit großer Angst eilten wir umso schneller Zweinaundorf zu und hatten das Glück, es zu erreichen, noch ehe jene Plünderer fertig wurden und sich nach neuem Raube umsehen konnten. Auch von hier an war der Weg von Soldaten bedeckt, doch eilten alle unaufhaltsam der Stadt zu; einige fragten uns ängstlich, ob schon Kosaken in Leipzig wären, oder warnten uns, weiter zu gehen, weil wir im nächsten Dorfe gewiß welche treffen würden.

Es war während dem schon ziemlich dämmerig geworden, so daß wir nicht mehr deutlich in die nächste Ferne sehen konnten und eigentlich nicht wußten, was geschehen würde und wem wir entgegengingen. Da schreckte uns auf einmal ein ganz naher Kanonenschuß, bald folgte ein zweiter und dritter, und jetzt sahen wir bei dem Leuchten der Kanonenblitze, daß die Geschütze ganz nahe bei Seifartshain standen. Unser Schrecken ist kaum zu schildern. Mit den angstvollsten Vorstellungen, was unterdeß zu Hause vorgegangen sein könne, welchen Gefahren die Unsrigen Preis gegeben sein könnten, verdoppelten wir unsere eilenden Schritte. Die tiefe Finsterniß, die sich immermehr um uns lagerte, erhöhte noch die schreckensvollen Eindrücke. Bald ward die ganze Gegend durch unzählige Wachtfeuer matt erhellt; nur in ungewissem Lichte sah man von weitem die dunkelen Gestalten der Feldwachen, die uns einigemal donnernd anriefen; ohne sich aufzuhalten, antwortete der Vater ebenso. Wir sahen nicht mehr um uns herum, liefen, so schnell als es den ermüdeten Füßen nur möglich war, querfeldein, und erreichten endlich, fast athemlos, Seifartshain, wo ein uns begegnender Mann, den wir eiligst fragten, wie es gegangen, nur die Antwort gab, die das Allerschlimmste fürchten ließ: „Ach! – nun ist Alles aus, eben bringen wir die Kinder fort!" Mit diesen Worten sprang er an uns vorüber, ohne weiter Rede zu stehen, und wir eilten das Aergste erwartend, unserm Hause zu.

Allgemeines Freudengeschrei empfing uns hier und die Wonne des glücklichen Wiedersehens löste sich in weinenden Umarmungen auf. Die Schrecknisse, welche die Mutter mit den Uebrigen unterdeß ausgehalten, waren auf andere Weise nicht geringer, als die unsrigen gewesen. Sehr bald nach unserer Entfernung kamen zahlreiche Trupps aus dem nahen französischen Lager, die sich nicht mit allgemeinen starken Forderungen begnügten, sondern auch jeden Einzelnen in Anspruch genommen hatten. Vier bis Sechs der bösen Geister vom Train treffen auch in unserm Hofe ein, verlangen mit Ungestüm Essen und Trinken und gehen ohne Umstände in die Stube, wo sie in französischer Sprache die Bemerkung machen, daß es hier noch recht gut aussehe und wohl noch mancherlei zu finden sein möchte. Mit den Paar Frauenzimmern könne man bald fertig werden u.s.w. Diese unmaßgebliche Meinung eines Einzelnen wird von mehreren der Anderen bestätigt. Einer geht hinaus, das Hoftor zu verrigeln und mit unbeschreiblichem Schrecken sieht die Mutter einer förmlichen Plünderungsscene entgegen. Doch noch ist ein Bessergesinnter unter ihnen, der sie von dem Vorhaben abzubringen sucht und die Gefahr eines plötzlichen Überfalls von den Ostreichern als triftigen Beweggrund aufstellt. Essend streiten sie noch hin und her: da kommt unser treuer und muthiger Pachter Jolig, der die Gefahr ahnet und wußte, daß der Vater nicht zu Hause war, über die Mauer gesprungen. Mit donnernden Worten fährt er auf die Soldaten los, droht ihnen mit dem im Gasthof haltenden Officier und treibt sie nach einigem Widerstreiten zum Thore hinaus.

Indeß kommen, als der Pachter fortgegangen ist, bald wieder Andere, die große Forderungen machen und Lust zum Plündern haben; auch ein Baier, der den leeren Mantelsack seines Herrn vollständig wieder gefüllt haben will und auf die Nichterfüllung seines Verlangens sogleich die schärfsten Drohungen von Plünderung durch eine ganze Rotte, mit ächt französischem Uebermuth, setzet. Allein, ohne Schutz und Hülfe in so bedrängter Lage, umringt von drohenden Soldaten, bleibt der Mutter nur übrig, ihren eigenen Muth hervorzusuchen und sich mit scheinbarer Furchtlosigkeit allen Ungebührlichkeiten zu widersetzen. Sie gibt nur, was sie geben kann und will, achtet der Drohungen nicht, und imponirt sichtlich den Soldaten dadurch so, daß sie glücklich allen weiteren Thätlichkeiten entgehet.

Während dem hatte sich die östreichische Armee bis auf eine halbe Stunde genähert und plötzlich verkündigt jetzt ganz naher Kanonendonner die noch immer bezweifelte Nachricht ihrer Ankunft. Alle noch übrigen Franzosen fliehen in großer Eile – das ganze Dorf kommt in Alarm. Man läuft hinaus und sieht mit Erstaunen beide Armeen in einem Vorpostengefechte begriffen. Neue Schrecken! Jedermann eilt, seine Habseligkeiten und Kinder in ein entfernteres Dorf in Sicherheit zu bringen. Jeder sorgt für sich zuerst, und die Mutter, mit den anderen Kindern allein, muß bei einbrechender Nacht, ohne männlichen Schutz und mit der Angst um uns, jeden zu befürchtenden Ereignisse entgegengehen! – So in dieser trostlosen Lage hatte sie mehrere Stunden zugebracht, bis endlich die Kanonen schwiegen und die Freude über unsere Ankunft für den Augenblick Alles glücklich auflöste.

Gestärkt durch die Wiedervereinigung nach so viel überstandenen Gefahren, sahen wir muthiger der Nacht entgegen. Es wurde ein starker Mann als Wächter herbeigeschafft und wir Alle überließen uns dann ruhig dem

Schlafe, nachdem zuvor auch einem kranken Franzosen noch ein Nachtlager war bewilligt worden.

Sehr früh am anderen Morgen, Donnerstag den 14. October, wurde ein Teil unserer Habseligkeiten eingepackt und theils verborgen, theils zu entfernter wohnenden Freunden geschickt, zu denen sich die Mutter mit den kleineren Kindern einige Stunden später selbst begab; der Vater mit uns größeren blieb zurück und wir alle waren fest entschlossen, nur bei der äußersten Gefahr das Haus zu verlassen. Doch machten auch wir uns für jeden Fall reisefertig und waren übrigens bemüht, Speisekammer und Keller möglichst mit Lebensmitteln zu füllen, um den Forderungen der Truppen genügen zu können.

Gegen 9 Uhr waren wir so glücklich, die ersten Alliirten zu sehen. Zwei östreichische Dragoner kamen an's Thor geritten und beschauten durch das Gitterwerk vorsichtig erst den ganzen Hof. Unsere Herzen klopften beim Anblicke vor Freuden und der Vater öffnete ihnen selbst sogleich das Thor und bewillkommnete sie freundlich. Ihre erste Frage war: ob noch Franzosen bei uns währen. Der Vater zeigte ihnen den unbewaffneten Kranken, der in einem Stalle lag und bat, ihn ruhig sterben zu lassen; sie würdigten ihn nur eines Blickes und Schimpfwortes, baten um Branntwein und versicherten, während er geholt wurde, daß wir nun gewiß keine Franzosen mehr sehen würden. Doch unsere Fragen nach dem Stande der alliirten Armeen beantworteten sie nur kurz und unbefriedigend und eilten wieder fort.

Es kamen im Laufe des Vormittags noch mehrere Oestreicher, Chirurgen und Marketenderinnen. Alle baten mit Freundlichkeit um etwas Branntwein oder Butterbrod, ermahnten uns, ohne Furcht zu sein, ruhig im Hause zu bleiben, und verkündigten den nahen Anfang der Schlacht. In einer ruhigen Zwischenhalbenstunde bestiegen wir den Kirchthurm, sahen aber einzelne Detachements der Alliirten nur von weitem nach Süden zu, an den Höhen von Großpösna, hinziehen, die noch entfernteren französischen Armeen, nach Leipzig hin, waren fast ganz in Nebel gehüllt. Nach Mitternacht und Morgen zu waren nur einzelne Feldwachen sichtbar.

Mittags halb zwölf Uhr fiel der erste Kanonenschuß. Ihm folgten bald mehrere und nach einer Stunde ließ uns der unausgesetzte und sich immer mehr nähernde Kanonendonner nicht zweifeln, daß die längst gehoffte und gefürchtete Schlacht ihren Anfang genommen habe. – Bald bestätigten es auch neue Trupps Soldaten, welche einsprachen; doch meinten sie, daß heute sich nur wenig entscheiden würde, weil nur die Hälfte der Armeen, nur ihr linker Flügel in Activität sei.

Wir eilten wieder auf den Thurm und sahen mit Erstaunen, wie so ganz in der Nähe von Seifartshain der blutige Kampf war. In der geringen Entfernung einer kleinen halben Stunde, nach dem Colmberge hin, standen zahlreiche Cavalerieabtheilungen, deren lebhafte Bewegungen wir genau beobachten konnten, ohne jedoch die einzelnen Scenen des Gefechts deutlich zu sehen; denn das hindert auch in der größten Nähe der dichte Pulverdampf, der das Ganze umgiebt; nur die heulenden Kanonenkugeln durchschnitten die dichte Masse und wühlten sich mit dumpfem Geräusch, sehr nahe dem Dorfe, in die Erde.

Zahlreiche Truppencorps zogen sich gegen Liebertwolkwitz hin, wo eine der stärksten Batterien unaufhörlich ihre Feuerschlünde öffnete. Gern hätten wir stundenlang das interessante, nie gesehene Schauspiel betrachten mögen, aber schon eilten wieder einige ungarische Husaren dem Hofe zu. Wir mußten ihre Wünsche hören. Sie kamen unmittelbar aus dem Gefechte. Ihre mit Staub und Blut bedeckten Kleider, die von Pulverdampf geschwärzten Gesichter, die blitzenden dunkeln Augen, aus denen Mordlust zu sprechen schien, dazu die schäumenden und blutenden Pferde: dies Alles stellte mit einem Male ein so ergreifendes Bild des grausamen Kampfes vor uns hin, daß wir unendlich schauderten.

Der eine Husar war an der Hand verwundet, die wir ihm verbanden; mit seinem stark blessirten Pferde machte er dem Vater ein Geschenk und eilte dann nach Fuchshain, sich ein anderes zu holen. In Seifartshain waren bereits alle Pferde fortgeschafft. Der Andere erquickte sich unterdeß mit Speise und Trank, wobei er alles mit der Anrede: „Schwester“, von uns forderte. Er übergab zuletzt dem Vater einen Theil seiner Bagage zum Aufheben und eilte wieder dem Gefechte zu.

Fortwährend wurden wir so von einzelnen Soldaten, auch einigen Officieren, heimgesucht, die unmittelbar vom Kampfplatze kamen und sich eilig mit etwas erquicken wollten. Wir freueten uns, ihnen geben zu können und hatten dabei den Vortheil, stets sichere Nachricht vom Gange des Gefechtes zu haben. Einer versicherte, daß wir jetzt noch ruhig hier bleiben könnten, und versprach theilnehmend, von nahender Gefahr uns sogleich Kunde zu bringen, da er eben unbeschäftigt sei. Dies und vollkommene Vorbereitung auf jeden möglichen Fall, machte, daß wir mit einer Ruhe dem blutigen Schauspiele zusahen, die uns selbst in Verwunderung setzte.

Wir Mädchen wußten uns in dem Zwischenraume der Soldatenbesuche nicht zweckmäßiger zu beschäftigen, als mit Charpiezupfen *(Charpie oder auch Scharpie, abgeleitet vom lateinischen „carpere“ für „zupfen“ oder „pflücken“, war ein bis Anfang des 20. Jahrhunderts gebräuchliches Wundverbandmaterial, das aus Fasern bestand, die durch Zerzupfen von Baumwolle oder Leinenstoffen gewonnen wurden)*, Bindenmachen und anderem Apparat für Verwundete. Und indem dieß bei dem heftigsten Kanonendonner, umgeben von allem kriegerischen Geräusche, doch mit aller der äußersten Ruhe geschah, die sonst häusliche Arbeit begleitet, konnten wir nicht umhin, gegenseitig unser Erstaunen zu äußern, daß dies bei einem so außerordentlichen Ereignisse noch möglich und wie ganz gegen unsere früheren Vorstellungen sei.

Flüchtlinge von Liebertwolkwitz und Großpösna kamen oft mit den Soldaten zugleich und baten um ein Stückchen Brod. Die meisten suchten ihr Asyl in Albrechtshain, welches durch seine versteckte Lage am Walde den gesichertsten Zufluchtsort darzubieten schien. Viele kehrten zurück, um noch etwas von den zurückgelassenen Habseligkeiten zu hohlen, und wir erhielten dadurch eine stündliche Post nach Albrechtshain, die uns Nachricht von den Unsrigen, und ihnen solche von uns und dem Gange der Schlacht brachte. Während aller dieser Scenen pflegten und besuchten wir fleißig unsern kranken Franzosen, der an der Ruhr im höchsten Grade litt und schon nicht mehr klares Bewusstsein hatte. Dem ungeachtet interessirte er sich noch mit möglichster Lebhaftigkeit für die Schlacht und war fest überzeugt, daß nur die Franzosen siegen könnten.

Inzwischen war es schon ziemlich dämmerig geworden. Der Kanonendonner begann schwächer zu werden, aber die Bewegung auf der Straße vermehrte sich mit jeder Minute, indem ein Theil der Truppen wieder zurückging, ledige Pulverwagen, Chirurgen, Marketenderinnen und Verwundete fortgeschafft wurden, für die man im Dorfe vergeblich Wagen suchte u.s.w.

Wir waren völlig in Bereitschaft, einen Theil dieser Verwundeten aufzunehmen, hielten es sogar für ausgemacht, daß bei dieser Nähe des Schlachtfeldes uns ein kleines Lazareth zu Theil werden würde, und hätten mit Freuden die Sorge dafür übernommen. Auch wollte der Vater zum Schutze einen Officier bei sich haben und überlegte eben, ob er nicht lieber einen aufsuchen und ihm Nachtquartier in seinem Hause anbieten sollte, als neun bis zehn östreichische Dragoner hereinsprengten. Alle verlangten höflich Schnaps und ein Unteroffizier wandte sich sogleich mit der Frage an den Vater: „Ob er nicht einen Sarg vorräthig habe?“ Da dieser versicherte, daß man hier zu Lande die Särge nicht im Voraus mache, so wollte er einen Zimmermann haben, der eiligst einen anfertige, und einige starke Männer, um sogleich ein Grab zu machen, indem sie draußen einen gebliebenen Officier hätten, den sie baldigst zu begraben wünschten. Der Vater stellte ihnen vor, daß der größte Theil der Einwohner schon geflüchtet, mithin der Zimmermann so wenig zu finden sei, als mehrere Männer, die heute noch bei dunkler Nacht ein Grab machen könnten, und that den Vorschlag, den Todten einstweilen in unser Haus zu bringen, wobei er versprach, morgen selbst dafür zu sorgen, daß er so anständig wie möglich begraben würde. Nach einigem Überlegen nahm man dies an; sie baten um Tücher, den entblößten Körper hinein zu wickeln, und bald brachten die übrigen Soldaten den Todten, der von Allen warme Theilnahme zu erhalten schien.

Die Soldaten erzählten, daß er einer ihrer geliebtesten Officiere sei, ein junger Mann von zwei und zwanzig Jahren, der einzige Sohn seiner Eltern, ein Graf Alberti aus Italien. Bei einer schwachen Constitution war der Druck der Luft von einer vorüberfliegenden Kanonenkugel, eben als er auf dem Colmberg dem General eine Depesche übergibt, hinreichend, ihn zu tödten. Alle beklagten den frühen Verlust des tapferen und guten Officiers. Wir äußerten indeß das Bedenken, ob er denn auch wirklich todt sein möchte und es nicht möglich wäre, daß er nur in einer todähnlichen Betäubung liege, von der er wieder erwachen könne. Sie widerlegten diese Hoffnung nicht ganz, machten sie aber durch die Versicherung unwahrscheinlich, daß er schon einige Stunden unter den Hufen der Pferde gelegen habe.

Während sich die Soldaten mit Speise und Trank stärkten, warnte uns der Unterofficier, uns vor den Kroaten in Acht zu nehmen, die nun bei Abend herumstreiften und sehr raubsüchtig wären; wir möchten ja Thor und Thüre verschließen, meinte er, das Licht verbergen und keinen hereinlassen, wenn wir unsere Sachen behalten wollten. Indem er davon sprach trat einer der zu Fürchtenden zur Thür herein und forderte mit rauher Stimme Branntwein. Und wirklich war sein Anblick wild und furchtbar genug, um das Gesagte zu bestätigen. Doch schienen ihm die zehn Dragoner so sehr zu imponiren, daß er ohne weitere Forderungen den Hof verließ. Auch unsere wohlmeinenden Dragoner bestiegen ihre Pferde und gaben auf die Frage, ob wir nicht Verwundete bekommen würden, leider den Bescheid, daß dafür das Dorf zu nahe am Schlachtfeld liege, man transportire sie weiter fort in den Rücken der Armee.

Es war unterdeß völlig dunkel geworden, die tiefste Finsterniß verbreitete sich und der Himmel hing voll schwarzer schwerer Regenwolken, die ein brausender Wind durcheinander trieb. Wir eilten mit der Laterne zu dem kranken Franzosen, den während dem der Tod von seinen Leiden befreit hatte. Thor, Thüren und Fensterläden wurden nun fest verschlossen und verriegelt. Wir nahmen ein kurzes Abendbrot ein, daß aber Niemandem recht schmecken wollte, und empfanden, indem ein heulender Sturm und Regenguß dumpf an die Fensterläden schlug und wir, umgeben von zwei Todten, mit banger Erwartung der Nacht entgegensahen alle Schauer, die eine solche Lage erregen mußte. Gegen 8 Uhr schallte plötzlich durch das Brausen des Sturmes heftiges Klopfen am dem Hofthore, und schon glaubten wir einen Kroatenbesuch zu erhalten, allein freundliche Stimmen riefen bald: „Es sind die ungarischen Husaren, die ihre Bagage holen wollen.“ Das klang tröstlich; der Vater öffnete und es waren wirklich die Besitzer jener zurückgelassenen Sachen, die mit vieler Treuherzigkeit als Bekannte uns begrüßten. Sie tranken einige Gläser Branntwein, wechselten bei dem Vater einiges kleines Geld ein, wobei einer einen Gulden mit dem Bilde der Maria Theresia begeistert an seine Lippen drückte, indem er ausrief: „O, unsere große Kaiserin!“ – und verließen uns mit neuen Warnungen vor den Kroaten. Es ließ sich aber während der ganzen Nacht keiner der Gefürchteten sehen, so wenig wie andere Soldaten. Dennoch brachten wir die Nacht unruhig und fast schlaflos zu, den neben den bangen Erwartungen und den halb grausenden Hoffnungen, daß der unter uns liegende Graf zum Leben wieder erwachen könne, führten die Feuerstätten von zwei brennenden Dörfern, von denen der finstere Himmel schrecklich geröthet war, und die zahllosen Wachtfeuer unsere Gedanken weiter hinaus zum blutigen Kampfplatz, wo noch immer unser allgemeines Schicksal unentschieden lag.

Schon um fünf Uhr, am Freitag Morgen, standen wir von kurzer Ruhe auf. Es war überall noch still; der Sturm hatte sich gelegt, der Himmel aufgehellt. Doch umzog leichter Herbstnebel die fernen Gegenstände und das letzte Viertel des Mondes warf ein bleiches, unsicheres Licht durch den nebeligen Schleier. Der Vater benutzte diese Dämmerstunde, einen Gang in's Dorf zu machen, um einiger Männer habhaft zu werden, die zum Begraben der Todten behülflich wären, und war kaum wieder zurück, als auch schon fünf Oestreicher anlangten, welche hungrig und erfroren von einer Nachtfeldwache ein warmes Frühstück wünschten. Sie erhielten dies und in ihre Feldflaschen den letzten Rest unseres Branntweinvorrathes, wofür wir den freundlichsten Dank erhielten. Doch kam bald darauf wieder ein neuer Trupp ungarischer Husaren, welche im Auftrage ihres Rittmeisters, der draußen auf der Feldwacht wäre, um 6 Flaschen Wein und eben so viel Branntwein baten; da ihnen der Vater mit Bedauern versicherte, daß er vom letzteren nichts mehr habe und ihren Herrn auch nur 4 Flaschen Wein schicken könne, erwiederten sie ruhig:

„Das ist freilich schlimm für uns, aber auch schlimm für Sie, denn es wird ihnen noch viel abgefordert werden." Damit nahmen sie ihre 4 Flaschen und ritten dankend davon. Der Contrast zwischen diesem Benehmen und dem der Franzosen in solchem Falle war zu groß, als das wir ihn nicht wohlthuend hätten empfinden sollen.

Unsere Vorräthe von Lebensmitteln waren durch das fortwährende Austheilen sehr geschmolzen und Branntwein, nach dem wir sogleich schickten, gar nicht mehr zu haben. Es wurde deshalb beschlossen, Kaffee als erwärmendes Surrogat an die Stelle des Branntweins zu setzen und mehrere große Töpfe wurden davon bereitet, mit dem die guten Soldaten auch wirklich sich begnügten, um doch etwas in ihren Feldflaschen zu haben. Gegen 9 Uhr fielen plötzlich mehrere Pistolenschüsse im Dorfe, und bald darauf jagten zwei Oestreicher keuchend in den Hof, sprangen mit allen ersinnlichen Flüchen auf die Franzosen vom Pferde und erzählten auf unser Befragen, daß eben zwei Franzosen so dreist gewesen wären, bis in die Mitte des Dorfes zu kommen, wo sie von ihnen augenblicklich bemerkt worden wären. Sie hätten sich mit Blitzesschnelle auf die kühnen Feinde gestürzt, wären auch ganz nahe am Erfassen derselben gewesen, da stürzt das Pferd des einen Oestreichers, der andere wird darüber aufgehalten, und so entfliehen die Franzosen, ohne daß sie selbst die nachgeschickten Kugeln noch erreichen. Die Oestreicher waren wüthend über das Mißlingen ihrer That, beruhigten sich aber endlich bei einem guten Frühstück und berichteten dann auf unser Befragen, daß heute die Schlacht nicht fortgesetzt würde, weil ein großer Theil der Truppen noch zurück sei. Deshalb blieben die Armeen auch in ihrem Lager und wir hätten hier nur eine Patrouille von 10 Mann, welche die Bewegungen der Feinde beobachte, die nur eine Viertelstunde von Seifartshain in der Mühle ihre äußersten Vorposten aufgestellt hätten. Nicht wenig erschreckten uns diese Nachrichten; denn ohne hinlänglichen Schutz und Widerstand der Oestreicher in solcher Nähe der Franzosen – welch' eine gefährliche Lage war das nicht! Wie leicht konnten sich letztere nicht des Dorfes bemächtigen?

Die Oestreicher, die uns für Franzosenfreunde zu halten schienen, wunderten sich über unsere Furcht, in ihre Gewalt zu kommen. Doch da wir sie eines Besseren belehrt und versichert hatten, es sei unser innigster Wunsch, daß die Oestreicher siegen möchten, so erwiederten sie: „Nun, nicht auch die Preußen und Russen? – Wir sind alle Brüder!"

Aeußerungen ähnlicher Art, die wir auch von Anderen vielfach hörten, bewiesen, welches der Sinn und das Gefühl war, was auch den gemeinen

Soldaten damals beseelte, die seltene Frucht allgemeiner Begeisterung für einen hohen Zweck! – Diese Begeisterung kettete Tausende mit brüderlichen Banden an einander und verlieh den furchtbarsten Ereignissen jener Zeit einen Zauber, von dem man sich in der jetzigen kühlen Periode kaum einen Begriff machen kann.

Der übrige Theil des Freitags verging demnach ziemlich ruhig, ernst und trübe durch das Begräbniß unserer Todten, welche gegen Mittag still der Erde übergeben wurden. Es erschien zuvor noch ein junger östreichischer Officier, der sich den vertrautesten Freund des Grafen Alberti nannte und den Vater bat, ihm eine seiner schwarzen vollen Locken zum Andenken abzuschneiden. Er schrieb nun den Namen des Vaters und des Dorfes auf um der Familie seines Freundes Nachricht geben zu können.

Nachmittags gegen 5 Uhr schreckte uns ein plötzlich entstehendes Geräusch von marschirenden Truppen und das Geschrei von tausend Stimmen auf. Wir eilten auf den Thurm und sahen hier mit Erstaunen einen großen Theil der französischen Armee in geringer Entfernung von Seifartshain aufgestellt, die jetzt aber in marschirende Bewegung kam und mit wiederholtem Rufe: „Vive l'Empereur!“ eine Schwenkung auf das Dorf zu machte. Wir glaubten nichts Geringeres, als einen Überfall hierin sehen zu müssen. Doch zeigte es sich, daß die Bewegung rückgängig war und nach Holzhausen zu ging, wo, wie wir hörten, des Kaisers Ankunft diesen Tumult verursacht, der dreien Regimentern neue Adler gegeben hatte. Mit den letzten Strahlen der sinkenden Sonne kamen noch immer die fernen schwachen Töne des tausendstimmigen Vive l'Empereur zu uns herüber und erinnerten nur zu lebhaft an die furchtbare französische Macht, von deren Besiegung allein deutsches Glück und deutsche Freiheit abhing.

Fürchtend und hoffend für die Erneuerung des großen Kampfes beschlossen wir den Tag, und der Morgen des 16. Octobers weckte uns mit gleichen Gefühlen. Es war nebelig und trübe. Doch kämpfte schon die aufgehende Sonne mit den leichten Dünsten und breitete jene gedämpften, ungewissen Lichter über die fernen Gegenstände, deren magischer Schimmer so sehr geeignet ist, die Schwungkraft der Phantasie zu erhöhen.

Die tiefe Stille, die noch ringsum herrschte, reizte uns, den interessanten Morgen durch einen kleinen Spaziergang in's Feld zu genießen. Wir gingen einen Rain entlang, von dem man die freie Aussicht auf die Höhen von Fuchshain und Großpösna hatte und einen ziemlich großen Theil der Umgegend übersehen konnte. Auch hier, so weit das Auge die Nebellichter zu durchbrechen vermochte, sah man noch nichts von Truppen, und nur die einzelnen grauen Gestalten einiger Feldwachen, die am Holze und auf der Anhöhe sich bewegten, ließen ihre Nähe ahnen. Einzelne Flintenschüsse unterbrachen bloß dann und wann diese tiefe Stille und Lautlosigkeit, eine Stille, die heute, bei der Erwartung so großer Dinge, so entscheidender Ereignisse, ergreifend auf uns wirkte.

Wir überließen uns ganz der Gewalt dieses großen Eindruckes und sprachen darüber, als es sich allmählich in der Ferne zu regen begann und die immer mehr durchbrechende Sonne allgemeines Leben zu entwickeln schien. Ein ganz eigenes, erhabenes Geräusch, wie das ferne Brausen des wogenden Meeres, umgab uns bald von allen Seiten und zog unsere ganze Aufmerksamkeit auf sich. Es wurde mit jeder Minute stärker, von einzelnen dumpfen Kanonenschüssen und fernen Trommeln begleitet. Und bald erkannten wir darin das allgemeine Anrücken sämmtlicher Armeen zu dem großen, blutigen, langersehnten Kampfe, der auf immer das Schicksal von ganz Deutschland entscheiden sollte. – Tausende und aber Tausende, Nationen von den verschiedensten Zonen, Sitten und Sprachen, Männer und Jünglinge aus den verschiedensten Ständen und Verhältnissen, von der verschiedenartigsten Bildung, und doch nur von Einem Interesse beseelt, durch gleichen Sinn und gleiche Begeisterung verbunden, zogen muthig dem Tode für Vaterland und Freiheit entgegen! – Dieser Gedanke bemächtigte sich wunderbar ergreifend unserer aufgeregten Gemüther.

Eine Ahnung des erhabenen, folgenreichen Ereignisses, wie es jetzt als vollendete Wirklichkeit in der Geschichte da steht, durchschauerte uns so tief und durchdringend, wie bisher unsere jungen Seelen noch nichts bewegt hatte, und indem wir, umgeben von allen den großen und geräuschvollen Zeichen der nahenden Völkerschlacht, in unseren nächsten Umgebungen doch noch friedliche Stille hatten, war es uns möglich, auf kurze Zeit jede ängstliche persönliche Sorge für die Zukunft zu vergessen und aus jenen sinnlichen Eindrücken einen geistigen Genuß zu schöpfen, der mir stets unvergeßlich bleiben wird und die Erinnerung an diese Tage auf immer mit einem wunderbar poetischen Schimmer schmückt.

Bei unserer Rückkehr in's Haus fanden wir schon mehrere östreichische Dragoner, welche Frühstück verlangten. Es folgten diesen viele andere Soldatentrupps und so vergingen die Morgenstunden schnell unter diesen Geschäften, die um 9 Uhr noch nicht ganz vollendet waren – als eine furchtbare Kanonensalve, unter deren Krachen die Erde zu erzittern schien, das Beginnen der Schlacht verkündigte. Bald folgten mehrere Batterien und binnen einer halben Stunde war eine Kanonade in Gange, deren Stärke Alles übertraf, was wir bisher gehört hatten, und welche die Macht der kämpfenden Heere ungefähr beurtheilen ließ.

Ein Blick vom Thurme, den wir sogleich bestiegen, zeigte uns die ganze Fläche nach Leipzig zu mit Soldatenmassen bedeckt. Wir konnten zwar darunter die verschiedenen Truppengattungen unterscheiden und die feuernden Batterien dazwischen, allein wegen des dicken Pulverdampfs, der das Ganze wie ein Nebelmeer umgab, doch nichts Bestimmtes von den einzelnen Bewegungen sehen, und eilten daher bald wieder herunter, wo ein nicht minder lebhaftes Schauspiel sich in unseren nächsten Umgebungen darbot.

Die ganze Straße, so weit man sie übersehen konnte, war mit marschirenden Truppen, Kanonen, Pulverwagen u.s.w. bedeckt, die in immer neu sich ergänzender Menge dem Schlachtfelde zueilten. Chirurgen, Employés und Marketenderinnen umgaben in buntem Schwarm die geordneten Züge und viele von ihnen sprachen bei uns ein, um durch ein gutes Frühstück sich zu stärken. Mehrere von Denen, die schon am Donnerstag da gewesen, kamen heute wieder mit freundlichen Gesichtern und an die alte Bekanntschaft erinnernd; unter andern auch ein östreichischer Officier, der mit vieler Artigkeit um ein warmes Frühstück bat. Während er dies auf dem Pferde einnahm, näherte sich der immerwährende Kanonendonner so sichtlich, daß wir ihn mit Aengstlichkeit nach der Lage der Dinge fragten und ob wir wohl hier bleiben könnten. Er versicherte, daß bis jetzt Alles noch sehr gut stände, doch rieth er, uns für jeden Fall zum Fortgehen fertig zu machen, dann aber möchten wir ruhig zu Hause bleiben, bis er zurückkäme und uns Nachricht brächte. Er wolle jetzt schnell dem Schlachtfelde zueilen und bei seiner Rückkehr dann den Rest des schönen Frühstücks verzehren.

Dankbar nahmen wir dies an und eilten, uns nun reisefertig zu machen, ein Geschäft, was sehr bald abgethan war, weil wir uns schon Donnerstag darauf eingerichtet und möglichst verborgen hatten, was nicht mitzunehmen war. Freilich blieb noch immer eine große Menge werthvoller Dinge zurück, die sich weder auf die eine noch auf die andere Art fortschaffen ließ, indeß hatten wir die schon längst als ein Opfer für's große Ganze betrachtet, und ohne uns bei den zurückgelassenen lieben Besitzthümern weiter aufzuhalten, wurden schnell die kleinen Reisebündel geschnürt, die noch mitgehen sollten; denn der immer furchtbarer werdende Kanonendonner dröhnte so schauerlich im Hause wieder und ließ alle Fenster so klirrend erschüttern, daß wir vor dem schreckensvollen Getöse baldmöglichst wieder in's Freie flüchteten. Hier, vor dem geöffneten Hofthore, hatte sich der letzte Rest der Dorfbewohner und viele Flüchtlinge versammelt, die, reisefertig wie wir, nur auf unsern Abzug warteten, um sich diesem anzuschließen und auch vom letzten Anblicke ihrer verlassenen Häuser zu trennen.

Die Gefahr schien mit jeder Minute näher zu kommen; der unablässig wogende Donner von 3 500 Kanonen, der von Zeit zu Zeit von dem furchtbaren Krachen einzelner großer Mörser durchschnitten wurde, ließ uns dennoch schon das Knattern des Kleingewehrfeuer deutlich hören.

Das tausendstimmige „avancez!" und „Drauf – Drauf!" – Am einen Ende des Dorfes wirbelten die Trommeln, am anderen Ende schmetterten die Trompeten zur Cavalerie. Auf der Straße wimmelte es von allen Truppengattungen. Einige gingen vorwärts, andere rückwärts; mehrere leere Pulverkarren, Wagen mit Verwundeten und Marketender mit Branntweinfässern drängten sich lärmend dazwischen. Heulend und zischend flogen die Kanonenkugeln und Granaten über unsere Köpfe hinweg. Große Ketten-Hunde, die, losgelassen, sich gleichfalls vor unserem Thore versammelt hatten, mischten darunter ihr Bellen und Angstgeheul! Der arme, am Nervenfieber sehr kranke Gastwirth, war eben auf einem Schubkarren vorübergefahren. Weinend und händeringend begleitete ihn seine Familie und alle umstehenden Weiber stimmten mit ein in lauten Jammertönen und baten uns vereinigt, nun nicht länger zu bleiben, mit ihnen den vielfachen Schrecken zu entfliehen.

Wir Mädchen waren wirklich ganz betäubt von diesem Chaos der Töne, und die so plötzliche Näherung aller Schreckensscenen des furchtbaren und großen Schauspiels ergriff uns mächtig; aber doch ließ der frische, excentrische Jugendsinn, dem alles Außerordentliche anziehend ist, uns auch durch alle Schrecken hindurch das poetisch Erhabene des merkwürdigen Ereignisses zu sehr empfinden, als dass wir den Muth verloren hätten, und der Vater, der es bemerkte, überdies auch noch immer der versprochenen Rückkehr des Officiers entgegensah, zögerte daher auch immer noch mit dem Fortgehen. Unschlüssig, was zu thun, und ergriffen von den mannigfaltigen Empfindungen, blickten wir erwartungsvoll der Straße zu, da kommt ein junger preußischer Officier um die Ecke gesprengt.

In wenig Minuten hat er uns erreicht, springt schnell vom Pferde, fragt hastig den Vater, ob er vielleicht Herr ... sei, und auf dessen Bejahung präsentirt er sich als unseren Cousin W. aus Breslau, den wir vorher zwar nie gesehen, durch Beschreibung aber von Anderen schon vorteilhaft kannten.

Sein Regiment, fügte er hinzu, stehe hier in der Nähe und er habe kurzen Urlaub genommen, um zu sehen, wie es uns ginge und ob wir etwa seiner Hülfe bedürften.

Freudig drängten wir uns alle um ihn, denn in dieser Lage, umringt von drohenden Gefahren, ohne Schutz und Rath, in diesem Moment, wo alle unsere Empfindungen auf's Höchste gespannt waren, musste uns dieser freundliche, in liebenswürdiger Persönlichkeit sich zeigende Verwandte wie ein rettender Engel erscheinen.

Die gegenseitige Bekanntschaft war in einer Viertelstunde so nahe gemacht, als sonst kaum in Stunden. Er bezeigte vor Allen seine Bewunderung, uns Mädchen noch hier zu finden und drang sogleich darauf, uns zur Mutter bringen zu dürfen. Der Vater stimmte in diesen Ausspruch ein und nun half es nichts; wir mussten in größter Eile unsere Bündelchen zusammenholen und bekamen nur noch so viel Zeit, alle zubereiteten Essen in die Stube auf den gedeckten Tisch zu setzen, sowie sämmtliche Verbandsartikel, Charpie, Leinwand, Binden u.s.w., die wir während der letzten Tage gemacht hatten, auf das Pianoforte zu legen, damit nach unserem Wunsche für jedes Bedürfniß der Eintretenden gesorgt wäre.

Die so gastlich zubereitete Wohnstube noch einmal überschauend, verließen wir mit den beiden anderen Kindern und dem Dienstmädchen das Haus – mit welch' einer Empfindung, will ich nicht schildern. Der Vater hatte unterdeß mit dem Cousin W. beschlossen, allein noch so lange da zu bleiben, als noch keine Lebensgefahr einträte, und weil der Rücken immer frei blieb, weil Seifartshain das letzte Dorf in der Schlachtlinie war, so riet ihm W. auch recht sehr dazu, wenn er Muth genug hätte. Uns Mädchen aber machte dieser Beschluß höchst bestürzt und unruhig. Doch Cousin und Vater wussten uns über Alles zu trösten. Der Erstere gab dem Vater noch eine Menge Merkmale nahender Gefahr, und dieser versprach, beim ersten dergleichen alsbald uns mit einigen Männern nachzukommen, die bei ihm blieben.

Alle diese Verhandlungen gingen in stürmender Eile, denn W. trieb gewaltig und so rissen wir uns denn endlich los vom Vater – und Vaterhause – und wanderten mit ihm den Weg nach Albrechtshain zu. Sein Pferd ließ er von einem Burschen führen, und mit dem kühnen, militairischen Anstande, dem gewaltigen Schnurrbarte und flirrenden Säbel bezeichnete er so Zutrauen erweckend den schützenden Ritter, dass nicht bloß das letzte zaghafte Häuflein uns folgte, sondern auch alle anderen Flüchtlinge, die, auf dem Felde zerstreut, nicht wussten, wohin sich wenden. An der Spitze dieses langen Zuges, in der

Mitte unseren jungen Ritter, drängten wir uns durch die Soldatenschaaren, die zum Theil regellos auf dem Felde umherzogen und worunter mehrere Officiere mit lächelnden Bemerkungen unserer Procession nachsahen. Einige tadelten selbst ganz laut die Flucht, die, wie sie meinten, ganz unnöthig sei. W. ließ sich auf keine Erörterung ein, zeigte uns jetzt aber auf beiden Seiten die zahlreichen Reservekorps und Kanonen, die schon eine Strecke hinter Seifartshain sich aufgestellt hatten. Es war der letzte Anblick der kämpfenden Waffen. Bald entzog der Wald uns auch diesen und in traulicher Unterhaltung von einer halben Stunde hatten wir das Pfarrhaus von Albrechtshain, in dem unsere Mutter gastlich aufgenommen war, erreicht, wo unser Eintritt allgemeines Freudengeschrei und eine so excentrische Scene verursachte, wie sie Ueberraschung, Freude, Dank und Begeisterung für den blutigen Kampf, dessen dröhnender Kanonendonner uns umwogte, nur hervorbringen kann.

Unser schützender Ritter konnte leider nur kurze Zeit noch bei uns weilen und jagte dann pfeilschnell dem Schlachtfelde zu, wir aber sahen jetzt unverwandt nach dem Wege hin, auf dem der Vater, nach unserer Hoffnung, kommen sollte, und bald erschien er auch zu unserer großen Freude, um 3 Uhr Nachmittags, fortgetrieben durch das Einrücken der Scharfschützen in die Gärten des Dorfes, was ihm W. als das sicherste Merkmal nahender Gefahr genannt hatte. Wir waren nun wieder Alle beisammen; ein sehr frohes Gefühl in solchen Angsttagen, was uns muthvoll den kommenden Dingen entgegengehen ließ.

Obgleich entfernt von einer Straße und ziemlich versteckt gelegen, blieb Albrechtshain noch nicht ohne alle kriegerische Unruhe, wie man gehofft. Es erschienen gegen 4 Uhr mehrere Regimenter Kosaken und mit ihnen Fürst Platow, welchen ein deutscher Officier im Pfarrhause anmeldete. Alle Hände setzten sich sogleich in Thätigkeit, für seine Bewirthung zu sorgen, und kurze Zeit darauf trat er selbst ein, umgeben von seinem Generalstabe und einer zahlreichen Wache, die sogleich alle Eingänge des Hofes besetzte.

Ein stattlicher Mann, mit vielem Anstand, edlen Zügen, durchdringend schwarzen Augen und dem imponirenden Costüme eines Mantels von Bärenfell; so kündigte er sich, ausgezeichnet vor allen übrigen, stillschweigend als den berühmten, tapfern Kosaken-Hetmann an und erweckte unwillkührlich scheue Achtung. Doch der tiefe Ernst seiner Züge milderte sich in den ersten Augenblicken, da ihm unser kleiner Hermann keck entgegentrat und er, das Kind freundlich streichelnd, sagte: „Ah, schöner Knab'!" Er aß wenig, observirte sehr eine vor ihm ausgebreitete Karte und sprach viel mit seinen Officieren, die sich's trefflich schmecken ließen. Während dem kam W. auf seinem flüchtigen Renner wieder, um zu sehen, wie es uns ginge, fand unsere Lage noch immer gefährlich und wünschte, wir möchten weiter fliehen, wozu aber eigentlich Niemand recht Lust hatte. Als wir bei den Verhandlungen bemerkten, daß der Kanonendonner sich mehr näherte und der Fürst selbst unruhig zu werden schien, kam ein Adjutant keuchend gesprengt und brachte ihm einen Rapport, nach dessen Empfang er sogleich mit allen seinen Truppen eiligst aufbrach. In Albrechtshain war jetzt nur noch ein östreichisches Piquet, dies sollten wir beobachten, empfahl uns W., und sein Fortgehen als ein Zeichen nahender Gefahr nehmen. Er fürchtete viel von einem Durchbruch der Franzosen auf dem rechten Flügel und konnte uns nicht verhehlen, daß mit heute der große Kampf noch lange nicht entschieden sei.

Mit diesen trüben Aussichten verließ er uns bei einbrechendem Abend. Die Sonne war untergegangen. Der letzte Schimmer des bleichen Abendrothes beleuchtete noch matt die fernen Gegenstände und den Thurm von Seifartshain, den wir von einer kleinen Anhöhe vor dem Pfarrhause wehmüthig begrüßten.

Der Kanonendonner verminderte sich mit jeder Viertelstunde. Da leuchtete plötzlich ein Feuer auf. Es ward größer, breitete sich aus und bald konnten wir nicht mehr zweifeln, daß es Seyfartshain war, das vor uns in Flammen aufging. Nur wen einst das gleiche Schicksal traf, vertrieben durch des Krieges Schrecken, die theure Heimath mit so vielen zurückgelassenen lieben Besitzthümern ein Raub der Flammen werden zu sehen, kann sich die Gewalt der schmerzlichen Gedanken ganz denken, von der wir Alle bei diesem Anblicke ergriffen wurden. Ich gab mich ihnen mit aller Lebhaftigkeit meines Temperaments hin und brach in heiße Thränen aus.

Da kam ein junger Preuße mit verbundenem Arme über das Feld und fragte theilnehmend: „Warum weinen Sie, mein Fräulein?“ Ich zeigte ihm die Ursache in der Ferne und er erwiederte ernst: „Ja, es ist wahr, Ihr Schicksal ist hart – aber das meinige,“ setzte er bewegt hinzu, „doch härter noch! – Ich habe heute drei Brüder neben mir fallen sehen, ohne die Todesstunde ihnen erleichtern zu können. Ich, der letzte Sohn meiner Eltern, soll nun ihr Trost und ihre Stütze sein, und auch mich hat der Tag zum Krüppel gemacht.“ Er zeigte hier auf den Stumpf seines rechten Armes und in seinem edelgeformten Gesichte, das während des Sprechens matt vom Feuerschein beleuchtet ward, lag der Ausdruck eines Schmerzes, der mich tief ergriff und meine Thränen aus einer neuen Quelle fließen ließ. Leider konnten wir dem Unglücklichen nur unsere innige Theilnahme geben und den Weg nach Naunhof zeigen, wo er einen Chirurgen fand.

Das östreichische Piquet lag noch ruhig an seinem Feuer, mit der einbrechenden Dunkelheit verhallte allmählig der Donner der Kanonen ganz, daher glaubten wir für die Nacht sicher zu sein und gingen in's Haus, in dessen kleinem Raume jetzt 40 Menschen Obdach und Abendbrod suchten, was für die freundliche Wirthin keine kleine Sorge war. Für das weibliche Personal war in der oberen Stube eine große Streu gemacht, die Männer mit den Knaben blieben in der unteren, und andere Flüchtlinge bereiteten sich in Ställen und in der Scheune ein Nachtlager.

Wir beiden jungen Mädchen waren zu aufgeregt, um uns schon dem Schlafe überlassen zu können und schlichen daher heraus auf einen hohen offenen Gang des Hauses, von wo man eine ziemlich freie Aussicht, auf's Schlachtfeld zu, hatte, um noch einmal die Flammen zu betrachten, in denen wir auch unser Eigentum aufgehen zu sehen wähnten.

Sie wogten noch drohend fort, von einem Gute zum andern, wie es schien. Doch wie bald vergaßen wir des eigenen Unglückes über den Anblick, den das große Ganze hier darbot, und den Eindruck, den es auf uns machte.

Ein Sternenkranz von tausend und aber tausend Wachfeuern umschloß den Horizont, die wogenden Flammen von acht bis zehn brennenden Dörfern schienen in seinem inneren Raume ein Feuermeer zu bilden; brennende Mühlen und einige brennende Thürme standen als himmelanleuchtende Säulen dazwischen. Nur einzelne Kanonenschüsse hallten noch über das schrecklich erhellte Leichenfeld hin, aber tausendstimmig war der Nachhall des blutigen Kampfes, der von den Schmerzenstönen der Verwundeten und Sterbenden zu uns herüberkam, die hülflos auf dem Schlachtfelde lagen, und selbst das wilde Getöse der bivouaquierenden Soldaten konnte ihn nicht ganz ersticken. Es war das ergreifendste Bild des Krieges, das wir je gehört und gesehen und unvergeßlich wird sein Eindruck in meiner Seele bleiben. Er war zu stark, um uns bald schlafen zu lassen.

Die Mutter hielten ernste Sorgen wach und so lagen wir fast noch im ersten Schlummer, als um 2 Uhr ein plötzlich sich erhebender Kanonendonner uns schreckend weckte. Die Männer alle waren der Meinung, daß dies ein nächtlicher Ueberfall der Franzosen sei, und die unruhige Bewegung, die wir von weitem an dem östreichischen Piquet wahrnahmen, ließ uns das Schlimmste befürchten. Die Nothwendigkeit einer nächtlichen Flucht für uns Frauen, die Mutter war sehr dawider, die meisten aber dafür, und so bereiteten wir uns

Christian Gottfried Heinrich Geißler: Das große Rabengastmahl bei Leipzig, kolorierte Radierung, 1813

Christian Gottfried Heinrich Geißler schuf auch die beiden Dokumentationen nach der Schlacht vorm Grimmaischen und vorm Ranstädter Tor (Seiten 36/37 und 38/39).

Die Darstellung der Schlachtszene vor dem äußeren Grimmaischen Tor am 19. Oktober 1813 auf der folgenden Doppelseite lässt sich dagegen nicht eindeutig Geißler zuordnen (Seite 34/35).

Schla

N.° II. Der Platz vo

nach den Koh

:nen.

Äussersten Grimmischen Thore

n 18. October 1813.

Ansicht des Grimmais

am 20

Thores in Leipzig
1813.

Ansicht des Ranstä

am 20.

Thores zu Leipzig

. 1813.

mit einer Angst und einem Schrecken dazu, den wir vorher nie empfanden, denn hier hatte man ein Gefolge von 8 zum Theil noch kleinen Kindern, die in stockfinsterer Nacht durch den Wald geführt werden sollten. Doch diesmal ließ der Himmel die drohende Gefahr vorübergehen. Die Kanonen schwiegen nach und nach wieder, und dreifarbige Leuchtkugeln, die von Norden nach Süden zu aufstiegen, ließ uns vermuthen, daß dies Alles die Zeichen eines neuangekommenen Truppencorps sein möchten, wie es sich in der Folge auch bestätigte.

Am folgenden Morgen, Sonntags den 17. October, überraschte uns sehr früh der vom Hofe heraufschallende Ruf: „Der Vetter! Der Vetter!" auf den sich Alles zum Thore zu stürzte. Wir eilten an's Fenster und sahen wirklich unseren lieben, Trost bringenden W. auf seinem flüchtigen Rosse dahergeflogen kommen, und in welcher Begleitung! mit meiner Schwester E. *(Emilie)* Guitarre, die an flatterndem grünen Bande um seinen Hals hing. Nie war er freudiger begrüßt worden, als jetzt, wo wir mit ihm zugleich die freundliche Botin aus dem Vaterhause umarmten, die uns gleich der Taube mit dem Oelzweige als ein tröstendes Zeichen erschien.

Stürmend drangen wir mit tausend Fragen auf ihn ein und hörten noch im Hofe die erfreuliche Nachricht, dass unser Haus noch stehe, dass nur zwei Bauerngüter abgebrannt wären, aber leider darunter auch unser guter Pachter Jolig mit seinem ganzen Gehöfte, ein Zufaß, der die Freude sehr herabstimmte. W. ließ uns zu keinem Gefühle lange Zeit, denn er hatte sehr viel von dem Zustande unseres Hauses zu erzählen, was er überfüllt mit Soldaten und Officieren, aber ziemlich leer an Sachen gefunden, und beklagte fast mehr wie wir den Verlust manches interessanten Gegenstandes, der am gestrigen Tage noch seine Aufmerksamkeit auf sich gezogen hatte.

Am Ende zweier Stündchen, die beim Frühstück unter Fragen und Plaudern nur zu schnell vergangen waren, erschreckte er mit der Trauerpost, daß er nun nicht mehr wiederkommen könne, und sein Regiment überhaupt beim nächsten Vorrücken eine entferntere Position erhalten würde. In dieser Rücksicht hatte er noch eine lange Unterredung mit den Eltern über die Maßregeln zu unserer Sicherheit, deren Resultat war: daß, da wir nun nicht mehr auf seinen Schutz und Rath rechnen könnten, es am besten sei, uns sogleich heute, wo wahrscheinlich ein gänzlicher Ruhetag sein würde, nach einem sichern Orte zu begeben, der unter vielen das Städtchen Brandis zu sein schien.

Wir Mädchen hatten dem Cousin gar viel dagegen einzuwenden, weil es uns schrecklich dünkte, noch weiter von der theuern Heimath und dem interessanten Schauplatze der Begebenheiten uns entfernen zu sollen; allein die Mutter, durch ihn ängstlich gemacht, ließ einen Machtspruch ergehen und sogleich nach der schmerzlichen Trennung von unserm lieben Schutzgeist wurde Anstalt zur weiteren Flucht gemacht, die mit einem Häufchen von Kindern, nicht so leicht wie die erste bewerkstelligt war.

Es gingen während dem große Züge Kosaken durch, die uns zu einigem Trost gereichten. Das Getümmel der Truppen aber wurde immer stärker und unruhiger, daher trieb der Vater, der mit den Männern und älteren Knaben zurückblieb, sehr ernstlich uns an, nicht länger zu verweilen und noch mit dem letzten Bissen des eiligen Mittagsbrodes mußten wir durch Gärten, über Hecken und Gräben dem nahen Walde zueilen, in dessen bergendem Buschwerke ein kurzer Halt gemacht wurde, um zwei Männer zu erwarten, die, beladen mit sämmtlichen Habseligkeiten, unsere Begleiter und Beschützer abgeben sollten und bei unserm schnellen Aufbruch noch nicht reisefertig waren. Vergeblich aber harreten wir beinahe eine halbe Stunde ihrer Ankunft. Schon drang das wilde Geschrei der Kosaken, die sich dem Walde näherten, zu uns herüber. Wir konnten, ohne Gefahr, in ihre Hand zu fallen, nicht länger hier bleiben und setzten daher allein den Weg fort, gefaßt auf Alles. Bald waren wir am Ausgange des Waldes, an dessen Saum ein furchtbar aussehendes Kroaten-Piquet lag, welches uns jedoch ungehindert ziehen ließ. Wir erreichten glücklich Kleinsteinberg, wurden aber hier durch einen Trupp Bauerkosaken, die mit Geschrei wie im Fluge aus der Ferne auf uns zustürzten, in große Angst versezt und entkamen ihrer wahrscheinlichen Untersuchung nur durch die schnellste Biegung in den dichten Wald, dem wir zum Glück ganz nahe waren.

Auf Umwegen durch die ungebahntesten Pfade, über Gräben und Hecken langten wir um 4 Uhr ganz erschöpft in Brandis an, wo wir in der Familie des G.D. freundliche Aufnahme fanden. Hier in den Mauern eines wohlverwahrten Schloßhofes, 1 ½ Stunde vom Schlachtfelde entfernt, schien vollkommener Friede zu herrschen. Seit langer Zeit hatten wir nicht so ruhig geschlafen und selbst die Morgenbesuche einiger östreichischen Infanterietrupps störten nicht die häusliche Ruhe unserer Wirthe, die in ihrer abgesonderten Wohnung von alle Dem nicht berührt wurden; wir glaubten in der vollkommensten Sicherheit leben zu können.

Doch wurde es gegen 9 Uhr ein wenig lebhafter, ununterbrochene Züge des Bubna´schen Corps gingen durch und beschäftigten unsere Aufmerksamkeit, bis sie der anbrechende Donner zu einem höher liegenden Gemach zog, von

Zeitgenössische Darstellung plündernder Kosaken, 1813

dem man einen Theil des tiefer liegenden Schlachtfeldes übersehen konnte. Wir bemühten uns eben, durch den Pulverdampf hindurch die wohlbekannten Thürme und Ortschaften zu entdecken, da erhob sich ein gewaltiger Lärmen im Schloßhofe, man rief uns, herabzukommen, und wie groß war unser Erstaunen, Herrn S. von Beucha mit noch ein paar anderen Familien zu erblicken, die neben einem wohlbepacktem Wagen und umgeben von einer Soldatenescorte auf der Flucht begriffen waren, und alle Umstehende dringend aufforderten, mit ihnen zu gehen, da der Fürst Platow selbst den Rath zum möglichst weiten Fliehen ertheilt und die schützende Sauvegarde ihnen mitgegeben hätte. Die Meisten ergriff ein panischer Schrecken; der Wille des Einzelnen ward nicht mehr berücksichtigt. Der dortige Rittergutspachter, R., zählte schnell die Häupter der Flüchtigen, ließ eilend drei Wagen anspannen, die in der lächerlichsten Mischung mit Wäsche, Mehlsäcken, Aepfeln, Gänsen und Kleidern bepackt wurden, und ehe wir uns noch recht besinnen konnten, war der Zug, dem wir jungen Leute zu Fuß folgen mußten, zum Städtchen hinaus. Der Kammerherr von B. mit seinem Sohne eröffnete ihn, dann kamen vier schwer bepackte Wagen, besetzt mit so viel Personen, als neben dem Gepäck Platz hatten. Ein langer Schweif von Fußgängern und endlich die beiden bärtigen Kosaken, die mit Behendigkeit bald vor, bald hinter defilirten, um keinen ihrer Schutzbefohlenen ungeschützt zu lassen, und das bunte Ganze oft mit lächelnden Mienen betrachteten. Sie waren übrigens dem besonderen Befehl des Herrn S. untergeben, dem sie pünktlich gehorchten.

In der dumpfen Stimmung, die der Wechsel von Furcht und Hoffnung erzeugt, erreichten wir das Dorf Polentz, von dessen bedeutender Höhe uns noch einmal die volle Aussicht auf das Schlachtfeld vergönnt war, das sich nachher auf immer unsern Augen entzog. Es war ein ergreifender Anblick, der zu tiefen Eindruck auf uns machte, als daß ich unterlassen könnte, hier noch einmal mit leichtem Umriß das Bild des großen Völkerkampfes zu zeichnen, wie es in zweistündiger Ferne sich darstellte.

Man denke sich eine Ebene von mehr als vier Stunden, dergestalt in Pulverdampf gehüllt, daß sie einem wogenden Nebelmeere glich, dessen dichte Wolkenschichten noch oft genug durch die feuerspeienden Batterien gelichtet wurden, um die Waffen der kämpfenden Heere und ihre Hauptbewegungen beobachten zu können. Nur dem scharfen Auge sichtbar, sahe man die rothen Dächer der heimatlichen Dörfer hier und da aus dem schwarzen Dampfe hervorschimmern – wie aus einem sie begrabenden Schlunde – gleichsam hülferufend die zahlreichen Thurmspitzen, brennende Mühlen und Thürme als weithin leuchtende Feuerzeichen darüber hinausragen; in die Luft fliegende Pulverwagen, die von Zeit zu Zeit gleich feurigen Drachen die Nebelmassen durchschnitten – man denke sich dies Alles im Accompagnement eines ununterbrochenen Kanonendonners von 3 000 Feuerschlünden und wird immer nur eine schwache Idee von dem Eindrucke haben, den in dieser Lage, geängstigt von bangen Zweifeln über den Ausgang, das furchtbare Ganze auf uns machen mußte.

Ein Theil unserer flüchtenden Gesellschaft blieb in Altenhayn, wir mit dem anderen Theile zogen unter dem Schutze unserer guthmütigen Kosaken weiter fort, nach Grimma zu, mußten dort kurz vor der Stadt noch durch ein Lager von ungarischen Husaren, dessen Officiere unsere russische Sauvegarde, die sich's ganz vorzüglich angelegen sein ließ, die jungen Mädchen schützend zu umgeben, spottend bemerkten, und erreichten endlich glücklich die Thore der Stadt Grimma. Hier aber erwartete uns ein Empfang, den wir nicht geahnt hatten. Neugierig, wie die Bewohner solcher Städte sind, stürzte beim Erblicken unseres flüchtenden Zuges der in ihren Annalen etwas Unerhörtes und Niegesehenes war, Groß und Klein aus den Häusern heraus, und umringte uns fragend und beklagend schon in der zweiten Gasse in so drängender Menge, daß wir vergeblich uns durch die Volksmassen durchzuwinden suchten und endlich unsere hülfreichen Kosaken bitten mußten, den schwachen Mädchen einen sicheren Weg zu bahnen.

So geleitet von den bärtigen Beschützern eines nordischen Stammes und der neugierigen Menge des Publikums, gleich Verurtheilten oder wilden Thieren, gelangten wir zum Hause einer befreundeten Familie, die uns mit Theilnahme und Freundlichkeit aufnahm, und während zwölf Tage gastfrei Dach und Sach gab; kummervolle und traurige Tage, in steter Sorge um den Vater und das Schicksal unserer Heimath, ohne befriedigende Nachricht über Kampf und Sieg. Auch später gelangten nur sehr dürftige Berichte über Beides zu uns.

Doch wir kehren jetzt nach Seifartshain zurück, zu hören, wie es seit unserer Flucht dort herging, und wie der gute Vater die Tage während unserer Abwesenheit verlebte. Er hatte am Sonnabend den 16 October das Dorf gegen 2 Uhr Nachmittags verlassen, als die östreichischen Truppen so weit zurückgedrängt wurden, daß die Scharfschützen bereits in den Gärten des Dorfes lagen. Es ward vom linken Flügel der Franzosen, von Kleinpösna her, mit einem Durchbruch bedroht. Indeß gelang dieser noch nicht sobald, aber von der rechten Seite, vom Kolmberge her, nahte sich die Gefahr mehr und mehr. Dieser wurde, als die bedeutendste Höhe in einem weiten Umkreise, zu einem wichtigen Punkte, weil seine Batterien die Ebene ringsumher frei bestreichen konnten. Er war von östreichischer Cavalerie besetzt und wurde hartnäckig gegen die wiederholten Angriffe der Franzosen verteidigt, die theils von Liebertwolkwitz, theils von Holzhausen her unter Macdonald mit immer neuen Truppen auf ihn anstürmten. Die Oestreicher warfen lange Zeit diese Angriffe glücklich zurück, doch mit großem Verluste, der nicht so schnell, wie bei den Franzosen, ersetzt werden konnte. Ihre Kraft war endlich der feindlichen nicht mehr gewachsen. Sie fingen an zu weichen und in diesem Augenblicke erscheint ein Detachement preußischer Cavalerie von Großpösna her zu ihrer Unterstützung. Die ähnliche Uniformierung aber mit der französischen Cavalerie läßt die Oestreicher glauben, es seien Franzosen, die sie von dieser Seite umgangen; sie fangen an auf jene zu schießen. Die Preußen können daher nicht schnell genug sich nähern. In der Hitze des Gefechts erkennen die Oestreicher zu spät ihren Irrthum und der Kolmberg kommt nach blutigem Kampfe mit stürmendem Bajonet in die Hände der Franzosen. Dies war Nachmittags gegen 4 Uhr und Napoleon ließ, als ihm die Einnahme dieses bedeutenden Punktes gemeldet wurde, in Leipzig Sieg durch die Glocken verkünden.

Unaufhaltsam drangen nun die Franzosen gegen Seifartshain vor, warfen unzählige Granaten hinein und nahmen es endlich mit Sturm – nach verzweifelter Gegenwehr von Seiten der östreichischen Infanterieregimenter Hohenlohe-Bardenstein und Zach. Diese hatten alle Eingänge des Dorfes zu verrammeln gesucht, alle Weiden umgehaun und damit die Gartenwege unzugänglich gemacht, die Einfuhr der Straßen mit Wagen, Ackerpflügen u.s.w. verbarricadirt, vor dem Hofthore des Pfarrhauses eine Kanone aufgestellt, die den Eingang von dieser Seite bestreichen sollte, und vier Stück Geschütze auf der Brücke, unfern des Gasthofes. Indeß war alles vergeblich, da jetzt auch von Kleinpösna her die Franzosen durchbrachen.

Die Oestreicher mussten zurück bis auf die Hälfte des Weges nach Fuchshain, auf dessen Mühlberge der Fürst Colloredo stand und das Gefecht leitete. Er sandte von hier aus eiligst nach dem Reservecorps des Fürsten Platow, und deshalb brach dieser so plötzlich von Albrechtshain auf, die zurückgedrängten Oestreicher zu unterstützen. Mit diesen Hülfstruppen gingen sie auch sogleich wieder vorwärts und bekamen nach blutigem Kampfe mit stürmendem Bajonet Seifartshain wieder in ihre Gewalt. Die Franzosen versuchten noch einmal, es wieder zu gewinnen, wurden aber mit Uebermacht zurückgeschlagen und es blieb im Besitze der Oestreicher.

Die einbrechende Nacht machte dem heißen Kampfe ein Ende und die zahlreichen Opfer des wiederholten Sturmes, die in und um das Dorf den Boden bedeckten, wurden von den Flammen der brennenden Gehöfte schauerlich beleuchtet. Der Gasthof ward sogleich zu einem Lazareth gemacht, von dem noch späterhin die blutigen Spuren nicht ganz zu vertilgen waren; man hatte in der Wirthsstube so viel amputirt und verbunden, daß später mehrere Tage dazu gehörten, das angehäufte Blut nur aufzuweichen.

Unser Haus war auf ähnliche Weise angefüllt worden, doch hatten meistens Officiere hier geherbergt und sich's unter unseren zurückgelassenen Vorräthen sehr wohl sein lassen, wie wir hinterher von Anderen hörten. Sie verschmähten bei aller Ermüdung selbst nicht die Unterhaltung, unsere verschiedenen Schreibtische zu untersuchen, Papiere und Briefe zu lesen, um den Geist der Bewohner und ihre Familienverhältnisse daraus zu errathen.

Einige hatten schon am folgenden Tage mit bewundernswürdigem Interesse sich viel damit beschäftigt, ein nicht ungünstiges Urtheil darüber gefällt, und selbst einzelne Briefe zum Andenken mitgenommen, auch eine Tasse mit sinnreicher Devise. Durch seltsamen Zufall erfuhren wir später diese Details von anderen Officieren. Einer hatte: „pax vobiscum" *(Friede sei mit euch)* mit Bleistift an die Wanduhr geschrieben. Wir fanden diesen guten Wunsch bei unserer Rückkehr und er stehet noch heute da zum Andenken an jene merkwürdigen Tage und die freundliche Theilnahme eines fremden Kriegers.

Ein anderer junger Officier, der leidenschaftlich Musik liebte, suchte sich in der schon ganz angefüllten Wohnstube eine Schlafstätte, und da er alle Räume bereits von Verwundeten und Sterbenden eingenommen fand, setzte er sich an das Pianoforte und spielte so lange, bis durch den Tod von einem Jener ein Platz auf dem Strohe erledigt wurde.

Am Sonntage, den 17. October, einem gänzliche Ruhetage unter den kämpfenden Armeen, war, wie schon erwähnt, der Cousin W. in unserem Hause gewesen, und hatte es von Sachen schon ziemlich leer, aber sehr erfüllt von verschiedenen Besuchern gefunden.

Nachmittags zog der östreichische Oberst Sommer vom Regimente Zach mit seinen Officieren ein, und diesen fand der Vater noch, als er am Montag früh in Begleitung einiger Männer nach Seifartshain zurückkehrte. Mit der freundlichsten Theilnahme kam er sogleich dem Vater entgegen, zu beklagen, daß er sein Haus in einem so traurigen Zustand wieder finde; er tadelte, daß wir so viel darin zurückgelassen, und rieth, nur jetzt in dieser Stunde, so lange das Haus in seiner schützenden Obhut sei, fortzuräumen, was irgend transportabel wäre. Die jüngeren Officiere gaben unserm Dienstmädchen selbst die Gegenstände hin, die sie einpacken sollte, halfen ihr sogar Vorhänge abstecken und andere Dinge fortschaffen.

In der Hoffnung, daß die Kirche in ihren obersten Bodenräumen nicht durchsucht werden würde, hatten wir schon längst dorthin mehrere Koffer mit werthvollen Sachen, etwas Betten u.s.w versteckt, und glaubten sie völlig sicher; allein ein russischer General, der vom Thurme aus das Gefecht am Kolmberg observiren wollte, ließ am Sonnabend Nachmittag die Kirche aufbrechen. Sie war nun offen, also jedem Umherstreifenden zugänglich und von dem Trosse der Marketenderinnen vorzüglich gründlich untersucht worden.

Der menschenfreundliche Oberst Sommer hatte bei seiner Ankunft sogleich eine Wache an die Kirche stellen lassen, um damit weiteres Eindringen zu verhindern. Das Werthvollste der darin verborgenen Sachen war freilich schon fort, doch vieles noch da, das andere Leute hineingestellt, und er trieb den Vater nun an, dies sogleich auf Schubkarren fortschaffen zu lassen, was auch auf der Stelle geschah.

Als eine der Ladungen, die nach Albrechtshain gefahren werden sollte, allzuschwer ausfällt, fordert der Vater einen zuschauenden Oestreicher auf, gegen gute Bezahlung, diesen Schubkarren die Hälfte des Weges ziehen zu helfen. „Recht gern," war die Antwort des Soldaten, „ich hab' gerade noch eine Stunde Zeit bis zum Abmarsche." Er ziehet wirklich die Ladung bis zu dem bestimmten Punkte, nimmt aber dann durchaus nicht das ihm angebotene Geld, mit der Versicherung, es habe ihm Vergnügen gemacht, dem Vater in Etwas dienen zu können in solcher Lage.

Begleitet also von den noch übriggebliebenen Besitzthümern und einen sehr freundlichen Abschiede des guten Obersten ging der Vater wieder fort, da ihm der letztere das Hierbleiben bei der wiederbeginnenden Schlacht als durchaus lebensgefährlich widerrathen hatte. Das Reservecorps des Generals Bennigsen, mehrere Baschkirenregimenter umschlossen bereits das Dorf, als der Vater mit seinen befrachteten Männern hinauswollte; der Weg war gänzlich gesperrt; ein Officier, der dies bemerkte, lies sogleich die Glieder der Truppe auseinander rücken, um den Fahrenden Platz zu machen, und keiner der wilden Schaaren suchte sie auch nur mit einem Worte aufzuhalten; die Ladung kam wohlbehalten an Ort und Stelle.

Gegen 9 Uhr begann der große Kampf auf's Neue und ging mit so entschiedenem Siegesglück für die Alliirten vorwärts, daß sie sich schon am Nachmittag den näheren Umgebungen Leipzigs näherten. Der Vater war nicht wieder bis

Albrechtshain zurückgegangen, nur eine halbe Stunde etwa, bis an's Holz, wo er bei einem östreichischen Piquet stehen blieb und dem erneuerten Beginn der Schlacht zusah. Anfänglich war Alles, selbst die nächsten Gegenstände in Pulverdampf gehüllt. Man konnte nur unvollkommen die Bewegungen der kämpfenden Truppen wahrnehmen. Seifartshain war gar nicht sichtbar. Schon nach einer Stunde aber leuchtete die Thurmspitze wieder hervor, dann die ganze Kirche, und so trat, je mehr der Kampf vorwärts rückte, das Dorf frei von Schlachtendampf heraus und verkündigte damit die Siegeshoffnungen. Als nach einigen Stunden der Vater sich durch die immer weitere Entfernung des Kanonendonners überzeugen konnte, daß der Kampfplatz weit genug fortgeschritten sei, um in Seifartshain ohne Lebensgefahr bleiben zu können, kehrte er wieder dahin zurück mit ein Paar Männern, die sich zu ihm gesellten, und fand es völlig menschenleer, wahrhaft totenstill überall, denn nur die vielen herumliegenden Todten waren dageblieben. Ein preußischer Husar, der hereinhinkte, theilte einige kalte Kartoffeln mit ihm, die er in seinem Futtersack hatte, und dies war sein ganzes Mittagsbrod, da im Hause bis jetzt nichts Eßbares mehr entdeckt worden war.

Bald nachher kam ein östreichischer Infanterie-Lieutenant, dem die Nase halb abgeschossen war. Er blutete sehr stark, und bat den Vater um ein wenig Leinwand und Essig zum Verband, was sich glücklicher Weise unter den Ueberbleibseln im Hause noch vorfand. Der Vater war ihm behülflich dabei und als der junge Mann gewaltig über Hunger klagte, durchsuchte er alle Winkel, entdeckte etwas Kartoffeln noch, wovon er ihm sogleich kochen ließ. Zu diesem dürft'gen Male bekam er ein Glas frisches Wasser, und diese geringe Freundlichkeit und eine gewiß sehr flüchtige Unterhaltung mit dem Vater, da er sich nicht lange aufhielt, hatten einen so bleibenden Eindruck bei diesem jungen Officiere hinterlassen, daß er nach zwei Jahren von Wien aus einen ungemein freundlichen und dankbaren Brief an den Vater schrieb, worin er so viel Interesse für unsere ganze Familie äußerte, als kenne er uns Alle und habe Wochen lang bei uns gelebt. Er war unterdeß mit in Italien gewesen, mithin zerstreut durch ganz andere Erlebnisse. Der Vater beantwortete diesen Brief und erhielt später einen zweiten von ihm, worin er den lebhaften Wunsch aussprach, uns mit irgend etwas in Wien dienen zu können.

Im Verlaufe des Nachmittags ging der Vater noch einmal nach Albrechtshain, um zu sehen, wie es dort stand, wo indeß russische Nachzügler auch eine kleine Plünderung gehalten hatten, doch auch gutmüthig Manches wieder zurückgaben, was ihnen unser muthvolles Dienstmädchen unter Klagen und freundlichem Zureden aus den Händen nahm. In Begleitung des Mädchens und einem Paar Flüchtlinge von Liebertwolkwitz kehrte dann der Vater nach Seifartshain zurück und fand hier sein Haus schon ziemlich gefüllt wieder.

In der unteren großen Stube hatte sich ein östreichisches Musikcorps einquartiert, welche sich mit Clavierspielen amüsirten. Oben lagen mehrere verwundete Officiere und übrigens zog ein buntgemischter Haufe von allen Waffengattungen und allen Nationen aus und ein, nach Lebensmitteln und andern brauchbaren Sachen das Haus zu durchsuchen. Die Bewohner von Oben und Unten hatte sich eingeschlossen, um Ruhe vor dieser Schaar zu haben.

Der Vater nahm mit seinen Begleitern die noch übrigen Stuben ein und ließ einen Kessel voll Kartoffeln zur allgemeinen Sättigung kochen. Licht gab es nicht, so nahmen die Plündernden, als es finster ward, Feuerbrände aus der Küche und liefen mit diesen leuchtend im Hause herum bis auf den Boden hinauf, um, was schon zehn Mal war durchsucht worden, noch ein Mal umzukehren. Es wurde Alles mitgenommen, was nur irgend einen Gebrauch zuließ, Alles vollends erbrochen und ausgeräumt, was sich etwa noch in einem versteckten Winkel fand.

Auch in die Stube der Geflüchteten drangen sie unaufhörlich und wollten auch da das Wenige mitnehmen, was diese hatten. Indeß gelang es dem Vater meist, sie durch Vorstellungen davon abzuhalten. Und als ein bärtiger Russe ihm selbst die Stiefeln ausziehen wollte, packte er ihn bei der Brust, schüttelte ihn derb und sagte in unwilligem Tone: „Sieh', ich bin der Pope hier, wenn Du mir die Kleider nimmst, so müsste ich im Hemde oder barfuß gehen, denn ich habe keine andern Kleider – und das würde sich nicht für den Popen schicken. Du würdest ein großes Unrecht thun, und – nicht wahr, das willst Du nicht?" Der Russe maß ihn verblüfft von Kopf bis zu den Füßen, ließ nicht nur ab von seinem Beginnen, sondern hielt auch einen andern, der in diesem Augenblicke eintrat und dasselbe unternehmen wollte, davon ab. Beide entfernten sich still und der Vater erhielt seine eignen Kleider glücklich während der ganzen unruhigen Nacht.

Das wenige Silbergeld aber, was er bei sich trug, mußte er, so wie die andern Leute, den Nachfolgenden preisgeben.

Dienstag früh, da die nächtliche Einquartierung der beiden Stuben wieder fortging, die plündernden Schaaren der Nachzügler aber fortwährend nach und nach eingezogen, war es des Vaters erstes Geschäft, im Dorfe nachzusuchen, ob er irgend ein Paar verwundete Officiere finden könnte, die, seinem Hause zum Schutze, ihr Quartier darin aufschlagen möchten. Dies gelang sehr bald.

In einem ziemlich verwüsteten Bauerngut lag ein östreichischer Hauptmann und ein Oberlieutenant, von denen der letztere eine Blessur hatte, die ihn nicht am Gehen hinderte. Beide waren bereit, ihr schlechtes Logis mit einem bessern zu vertauschen und den erbetenen Schutz zu gewähren. Als aber der Vater sein Unvermögen erklärte, sie zu beköstigen, weil er selbst nichts habe, meinte der Hauptmann: „Vor der Hand können Sie darüber ruhig sein, Herr Pastor, denn noch zwei Tage wenigstens haben wir Lebensmittel und so lange sind Sie unser Gast. Dann aber freilich müssen Sie sorgen, daß wir nicht Hunger leiden dürfen, wenn wir bei Ihnen bleiben sollen." Der Vater versprach's. Die Officiere zogen ein und der Lieutnant säuberte binnen wenig Minuten das ganze Haus von dem plündernden Troß. Das Mädchen suchte, soviel als es sich thun ließ, den neuen Gästen eine wohnliche Stube einzurichten.

Die zweite Sorge des Vaters an diesem Tage ging alsdann dahin, die in den Gehöften zerstreut umherliegenden Verwundeten aufzusuchen und ihnen soviel Hülfe als möglich war, zu verschaffen, vor dem Verhungern sie wenigstens zu schützen. Im Hause selbst hatte er deren schon mehrere, die täglich nach einem ordentlichen Verbande ihrer Wunden jammerten. Es fanden sich im Dorfe eine große Anzahl, besonders im Gasthofe und Gemeindehause, wo ein schreckenvolles Lazareth sich angehäuft hatte. Fast alle waren noch unverbunden. In einem abgelegenen Stalle des Gasthofes fand der Vater einen Kroaten, dem beide Augen ausgeschossen waren. Der Unglückliche lebte noch, bekam noch einige Mal etwas zu essen, starb aber dann glücklicher Weise.

Der Vater ließ täglich ein Paar Scheffel Kartoffeln kochen, das einzige Nahrungsmittel, das er hatte, und sie nebst Wasser unter den armen Verschmachteten austheilen. Weiterhin mußten sich auch die andern zurückgekehrten Bewohner dieser Sorge unterziehen und nach acht Tagen gelang es endlich seinen Bemühungen, einen großen Theil davon mit zurückkommenden Fouragewagen in benachbarte Stadt-Lazarethe zu bringen. Doch fanden wir bei unserer Heimkehr von Grimma, zwölf Tage nach der Schlacht, noch immer einen Rest dieser Unglücklichen, die unverbunden mit ganz schwarz gewordenen Wunden laut jammernd auf ihrem Stroh lagen, und die warme Suppe, die wir ihnen reichten, mit thränenvollem Dank empfingen. Aber wunderbarer Weise lebten sie Alle noch und nur einer starb vor Schwäche, als sie einige Tage später aufgeladen wurden, um in's Lazareth nach Grimma zu kommen.

Der Anblick solches Elends, was man in der damaligen Lage so wenig nur lindern konnte, brachte Eindrücke, die nicht zu beschreiben – nur durch eigene Erfahrung zu begreifen sind! – Die Nothwendigkeit, Lebensmittel herbeizuschaffen, bestimmte den Vater, am Mittwoch einen Gang nach Leipzig zu unternehmen, als dem einzigen Orte, wo er hoffen konnte, für Geld etwas zu erhalten. Er nahm zwei handfeste Burschen mit sich, ließ sie mit Ladestöcken sich bewaffnen, die in größter Menge umherlagen, und trat den schrecklichen Weg über das Schlachtfeld an.

Der Anblick der meist furchtbar verstümmelten Todten, die, in Haufen über einander liegend, sehr oft den Weg gänzlich hemmten, war ihnen schaudervoll. Aber noch viel herzzerreißender schilderte er den Eindruck, den die Menge der Schwerverwundeten und Sterbenden auf ihn machte, die hülflos und halbverschmachtet umherlagen und mit lauten Wehklagen die Luft erfüllten. Einer derselben, der in einer Bretterhütte zwischen Holzhausen und Stötteritz gelegen, hatte jammervoll nach Wasser gerufen, als er Menschentritte hörte. Der Vater ließ ihm in Ermangelung eines Besseren aus einem Graben in einer alten Kanne, welches hintragen, und der Unglückliche goß es, so lehmig es auch war, mit heißer Gier hinunter. Auf dem Rückwege Abends im Dunkeln war es todtenstill in derselben Hütte, hoffentlich hatte er ausgelitten.

Die Hoffnung, Lebensmittel in Leipzig zu erhalten, erfüllte sich jedoch nur sehr gering; Fleisch und Brod, das Nothwendigste, war nirgends aufzutreiben, alle Freunde hatten dem Vater selbst zur eignen Sättigung zwar so viel davon gebracht, als er nur essen wollte, allein Niemand konnte etwas mitgeben. Es hatte seine Familie mehr, als sie selbst zur Nothdurft brauchte, und der Vater mußte sich mit Reis, Kaffee, Zucker und einigen Flaschen Wein begnügen, die er zu hohen Preisen kaufte. Er langte mit diesen kleinen Schätzen glücklich und ungefährdet zu Hause an. Am nächsten Tage aber, einem Markttage, versuchte er in Begleitung einer Ordonnanz, die ihm der Hauptmann mitgab, sein Heil noch ein Mal in Leipzig, und er war da so glücklich, ein großes Stück Fleisch zu erhalten.

In den folgenden Tagen kamen einige Dorbewohner wieder zurück, die etwas Mehl mitbrachten. Es wurde gebacken und der Vater erhielt davon seinen Bedarf an Brod; doch mußten diese Vorräthe, sobald sie gebacken waren, in unser Haus geschafft werden, sonst holten sie die umherlagernden Soldaten sogleich heraus. Auch später noch empfingen wir unsern Brodbedarf nur von der Güte der Leute, die noch etwas hatten. Mit dem Nöthigsten versehen, lebte nun der Vater leidlich und friedlich mit seinen beiden Officieren fort, bis zwei Tage vor unserer Rückkehr von Grimma, wo sie in ein Officier-Hospital nach Altenburg gingen und er sich dafür eine sächsische Cuirassierwache zum Schutze zu verschaffen wußte. Er hatte währenddem vielen Flüchtigen Dach und Fach für kurze Zeit gegeben, viele militairische Besuche noch gehabt und endlich die Gastwirths- und Schulmeisters-Familien gänzlich in's Haus genommen, die wir noch fanden, als wir nach langem Sehnen und Harren endlich am 4. November in die geliebte Heimath wieder einziehen durften.

Der Vater empfing uns ganz munter und gesund und mit großer Freude, und das Glück dieses Wiedersehens und Wiederbeisammenseins ließ uns in den ersten Stunden alles Schreckensvolle der Vergangenheit, alles Niederschlagende der Gegenwart vergessen. Wir erhoben uns gemeinschaftlich in dem freudenvollen Gedanken, befreit zu sein vom französischen Joche, den großen Kampf glücklich und siegreich beendigt zu sehen und betrachteten die vielfachen Verluste werthvoller Sachen als ein Opfer für's große Ganze, das wir in der That ohne Murren mit einer so ruhigen Ergebung brachten, wie sie heutigen Tages zweifelhaft oder allzubewundernswürdig erscheint, auf dem damaligen Standpunkte aber das natürliche Product einer Stimmung war, die persönliches Wohl, persönliches Interesse ohne Mühe dem Gewinne allgemeiner großer Güter unterordnete.

Das Umschauen im zerstörten, völlig leeren Hause stimmte freilich diese frohen Gefühle allmählig ein wenig herab, da es die Mutter mit mancher schweren Sorge erfüllte, denn es fehlte an allem Nothwendigen. Der größte Theil der Betten war ausgeschüttet, die wenigen übrigen aber so voll Schmuz und Blut von dem Gebrauche der Verwundeten, daß man es kaum wagen mochte, sie zu benutzen. Das ganze vorhandene Kochgeschirr bestand aus zwei oder drei alten Töpfen, die eine Frau aus dem Lager hereingeholt und worin wir gemeinschaftlich mit zwei anderen Familien kochten. Mit zwei Paar Messern und drei Blechlöffeln mußten 9 Personen sich beim Essen behelfen; ein Tischtuch gab es vor der Hand gar nicht. Zwei Handtücher als die einzigen waren unter einem Haufen Unrath wieder gefunden und zum Gebrauch hergestellt worden. Auf ähnliche Weise stand es mit jedem anderen Bedürfniß, mit jedem Hausgeräth und nicht minder mit den Lebensmitteln. Es gab nur Kartoffeln; Brod, ein wenig Milch und etwas Fleisch bekamen wir nur durch die Güte der Leute, die noch etwas Mehl und einiges Vieh hatten. Wir Kinder sämmtlich fanden von unsern Sachen nicht das Mindeste wieder und besaßen mithin an Wäsche und Kleidern nichts mehr als die beiden Anzüge, die auf der Flucht mitgenommen waren. Von Hauswäsche und ihrer eigenen hatte die Mutter wohl noch einen Vorrath, die sie nebst Silberzeug und Betten zu einer befreundeten Familie nach Leipzig geflüchtet; allein diese standen in Kisten, in einer jetzt noch vermauerten Niederlage, die so bald nicht geöffnet werden sollte, daher dem augenblicklichen Mangel damit nicht abgeholfen werden konnte. Trotz dieser traurigen Leere im Hause waren alle Räume auf eine Weise angefüllt, daß wir nur mit Mühe die nöthigen Schlafstätten fanden, denn ein Wust von zerstreuten Papieren, Läppchen, Stickmustern, Büchern, Federn, eine Mineraliensammlung mit verlorenen Pflaumenmuse vermischt, und tausend unnütze Kleinigkeiten bedeckten überall den Fußboden hoch, so daß man kaum einen schmalen Fußweg durch die öden Gemächer finden konnte.

Und wie sah es außer dem Hause, im Dorfe und seinen Umgebungen aus! Ueberall die Spuren der traurigsten Zerstörung. Noch waren nur wenige Bewohner des Dorfes zurückgekehrt; die meisten Häuser und Gehöfte standen völlig verödet, ausgeleert, alle Thüren offen, alle Gemächer wüst, ohne einen Ton des Lebens. Mitten darin die beiden schwarzen Brandstätten. Wohin man sah, nur die traurigen Ueberreste eines verlassenen Schlachtfeldes, alte Montirungsstücke, Tzschakos, Trümmer von Gewehren, Pferdegeschirre, große und kleine Kugeln in Menge, und nirgends ein lebendes Geschöpf zu sehen und zu hören, als der Schwarm der krächzenden Krähen, der, Nahrung suchend, das Todtenfeld umflatterte. Selbst die Kirchuhr ging nicht und keinen Glockenton hörte man, weil die Stränge von den Glocken abgeschnitten waren. Dazu nun noch die gewöhnliche Oede und Traurigkeit eines trüben, kalten Novemberhimmels, der sich über das schaurige Ganze ausbreitete, – so wird gewiß Jedermann das ergreifende Bild in seiner ganzen grauenvollen Wirklichkeit sich vorstellen können.

Und doch war es bei weitem noch nicht die schrecklichste Darstellung eines verlassenen Schlachtfeldes, die uns gezeigt werden sollte. – Es wurden an dem Tage, da wir zurückkehrten, die letzten Haufen der Todten begraben, die in der seifartshainer Flur lagen. Der Vater hatte durch Vorstellungen, wie nachtheilig für die Gesundheit der Dorfbewohner das Liegenlassen der Todten werden könne, die Leute bewogen, dies Geschäft innerhalb der Dorfgrenzen selbst zu übernehmen, da es von den requirirten Todtengräbern, die von den Behörden angestellt waren, sehr saumselig betrieben wurde; mithin sahen wir in unserm Bezirk nichts mehr von dergleichen schaudervollen Anblicken und glaubten acht Tage später, daß nach fast drei Wochen, die nun seit der Schlacht verflossen waren, auch weiterhin Alles geräumt sein müsse.

Der Mangel an so vielen unentbehrlichen Dingen machte es durchaus nothwendig, daß wir einmal nach Leipzig kamen. Pferde zum Fahren gab es nicht; sie waren noch alle irgendwo verborgen. Wir mußten uns also ohne alle Wahl zu Fuße auf den Weg machen, d.h. der Vater mit uns beiden Schwestern.

Mit dem ersten Schritte über die Dorfgrenze erblickten wir voll Schrecken die ganze Gräßlichkeit des noch unaufgeräumten Schlachtfeldes, welches wir nun Schritt vor Schritt durchwandern sollten. Pferde und Menschen lagen noch überall in größter Menge herum und hemmten oft geradezu den Weg mit den schaudervollsten Anblicken.

Der Kolmberg war wie übersäet mit todten Pferden und dunkelte grauenhaft herüber. Wir Mädchen waren außer uns und wollten nicht weiter. Doch der Vater trieb uns fort, mit der Vorstellung, daß die Noth gebiete, sich darüber wegzusetzen. Er habe das Schlachtfeld schon zwei Mal, da es noch schrecklicher gewesen sei, durchwandern müssen; wir möchten so wenig als möglich hinsehen und mit raschen Schritten vorwärts eilen. Es half nichts, wir mußten fort, empfanden zwar mit wiederholtem Entsetzen das Grauenvolle dieser Umgebung und einzelner Anblicke der zerstörten Dörfer, die in noch viel traurigerem Zustande waren als Seifartshain, zuletzt aber stumpften sich diese Empfindungen schon weit ab, daß wir denselben Rückweg Abends im halbdunkel unter zerstreuenden Gesprächen viel ruhiger zurücklegten. – Der Mensch ist durchaus nicht fähig, so heftige Gefühlsbewegungen in gleicher Stärke lange zu erhalten, sie verlieren durch viele Wiederholung sehr bald ihre Spannkraft, wodurch auch die so oft hart beurtheilte Gleichgültigkeit des Kriegers sehr erklärlich wird.

Einzelne Bilder des mörderischen Kampfes aber, die wir auf diesem Gange erblickten, sind meiner Seele unvergeßlich geblieben. So sahe man auf einer Wiese unfern des Fußsteiges nach Zweinaundorf zu, eine ganze Reihe noch völlig montirter französischer Infanterie liegen, die eine einzige Batteriesalve auf einmal niedergeschmettert zu haben schien; denn sie lagen und standen zuletzt fast ganz regelmäßig an einander gelehnt, als wenn sie schliefen. Schrecklich waren die von den Todtengräbern zusammengeschleppten Haufen der Todten anzusehen und ihre Art, sie schichtenweise in große Gruben zu verscharren. Wer möchte solche und andere schaudervolle Erinnerungen nicht gern verdrängen?!

In Leipzig war Elend anderer Art genug auch zu sehen und zu hören. Die ungeheure Ueberfüllung aller Lazarethe mit ihren Jammerscenen, von denen Jedermann voll war; der sich verbreitende Thyphus, Mangel an Lebensmitteln, und die halbverhungerten, umherschleichenden Franzosen, die man überall in Kehrichthaufen nach etwas Eßbaren wühlen sah, gaben ein ergreifendes Bild auch von der Nachtseite des glorreichen Kampfes, von dem noch alle Welt mit begeisterter und dankbarer Freude erzählte.

Wir wurden von allen Freunden mit der lebhaftesten Theilnahme aufgenommen, beklagt und beschenkt mit einer Menge nützlicher und nothwendiger Sachen, die unserer augenblicklichen Bedürftigkeit sehr zu statten kamen. Außerdem ward noch Vieles gekauft, und mit einem starken Manne, ganz befrachtet mit diesem neuerworbenen Schätzen, langten wir glücklich wieder zu Hause an. – Doch werde ich nie in meinem Leben diesen schrecklichsten aller Wege, den ich je gemacht, vergessen.

Wie viele Zeit und Mühe dazu gehörte, das Haus wieder gründlich zu säubern und in wohnlichen Zustand zu versetzen, ist kaum zu denken. Der Schmuz und Unrath war in manchen Gemächern zu Hügeln angewachsen, und gern gab man sich die Mühe, jedes Häufchen davon genau zu untersuchen, um werthvolle Dinge, die sich bisweilen noch darunter fanden, vom Untergange zu retten. Ein solcher Fund wurde jedes Mal mit lauter Freude im ganzen Hause verkündigt und als ein Kleinod betrachtet.

Den Mangel aber empfand man noch den ganzen Winter hindurch gar bitter; manches schwer zu entbehrende Haus- und Küchengeräth war selbst für vieles Geld sobald nicht zu haben, weil der Bedarf zu allgemein und mehrere Artikel ganz ausgekauft waren. Es galt überall, sich kümmerlich zu behelfen, auch mit den Lebensmitteln. Eine Wahl der Speisen konnte nicht stattfinden, man war froh, sich hinlänglich und ohne Sorgen für den folgenden Tag sättigen zu können. Die Eltern ließen sich einen Transport Lebensmittel von einem Freunde aus dem Altenburgischen schicken, da unser abgebrannter Pachter erst nach ein Paar Monaten wieder etwas von seinem verpflichteten Quantum liefern konnte. An Butter zum Brode war unter diesen Umständen nicht zu denken, wir aßen es fast den ganzen Winter trocken. Butterbrod und Milch und die Mehlsuppen, die zum allgemeinen Frühstück dienten, gehörten lange Zeit nur zu den Sonntagsdelicen und eine Christstolle, die als Weihnachtsgeschenk uns von fernen Freunden gesandt wurde, verursachte einen Jubel im Hause, der nur durch die damalige Dürftigkeit der täglichen Kost begreiflich wird.

Wir verlebten demnach, wie tausend Andere um und neben uns, einen schweren und sorgenvollen Winter, und er war hart und ziemlich lang – dennoch hat es nirgends an dem streng Nothwendigen gefehlt. Und man mußte bewundern, wie trotz dem, daß ein Heer von vielen Hunderttausenden sich in einem kleinen Umkreise acht Tage lang genährt hatte, doch noch so viel übrig blieb, daß keiner der Bewohner hinterher Hunger litt. Das Elend, das während des Winters in manchen Orten, besonders in den halbeingeäscherten Dörfern herrschte, wurde weit mehr durch den Mangel an hinlänglichem Obdach und durch das grassirende Nervenfieber verursacht, als durch Mangel an Lebensmitteln. Es starben in Liebertwolkwitz, Holzhausen und Stötteritz und in vielen anderen Dörfern ganze Familien aus. Seifartshain war vor vielen so glücklich, nur vier Kranke gehabt zu haben, und diese wurden alle wieder hergestellt. Zu bewundern war es gleichfalls, wie bald sich doch im Ganzen, bei großen Verlusten und Opfern, die Ortschaften wieder erholten und hoben. Ursprüngliche Wohlhabenheit der Gegend und die Nähe Leipzigs, die es möglich machte, alle wiedergewonnenen Producte auf's Schnellste und Vortheilhafteste in Geld umzusetzen, trugen ohne Zweifel viel dazu bei. Uebrigens erfreuten sich die sämmtlichen Schlachtfeldsbewohner auch mancher Unterstützung aus der Ferne – nächst andern in deutschen Ländern gesammelten kam selbst aus England durch die Gemahlin des Bischofs Marsh in London, einer geborenen Leipzigerin, veranlaßt, eine bedeutende Geldsendung, von der auch Seifartshain einige hundert Thaler erhielt. Der Gesammtverlust hier belief sich auf viele Tausende, von denen auf unsere eigenen Verluste mehr als Tausend Thaler kamen.

Bei alle Dem, bei allen Schrecken und Drangsalen des merkwürdigen Jahres, denken wir aber noch sehr gern daran zurück und möchten es in einer langen Reihe unserer Lebenserfahrungen um keinen Preis missen, denn es hatte neben allen diesen Schrecken und Drangsalen auch so viel Erhebendes, geistig Erfrischendes und Poetisches, mit einem Wort: einen geistigen Zauber, wie seine Zeit je, und wer Sinn hat für das Große der innern Erhebung eines ganzen Volkes, für das Schöne einer allgemeinen geistigen Schwungkraft, die auf die edelsten Güter der Menschheit gerichtet war, der muß sich freuen jene Zeit erlebt zu haben, – wenn auch nicht alle Erfolge die sanguinischen Hoffnungen befriedigten, wenn Vieles, was diese auf der Stelle erwarteten, erst in späterer Zeit sich entwickelte, und menschliche Unvollkommenheit und Schwäche, der die Regenten gleich Anderen unterworfen sind, manches Angefangene unvollendet ließ.

Rechte Seite: Stellungen der Verbündeten und der napoleonischen Truppen am 16. und 18. Oktober 1813

Seite 58/59: Ernst Wilhelm Straßberger: Der Johannisfriedhof als Lazarett, Öl auf Leinwand, 1813

Seite 60/61: Ernst Wilhelm Straßberger: Lagerszene auf dem Alten Johannisfriedhof nach der Schlacht 1813, Tusche über Kreide und Bleistift

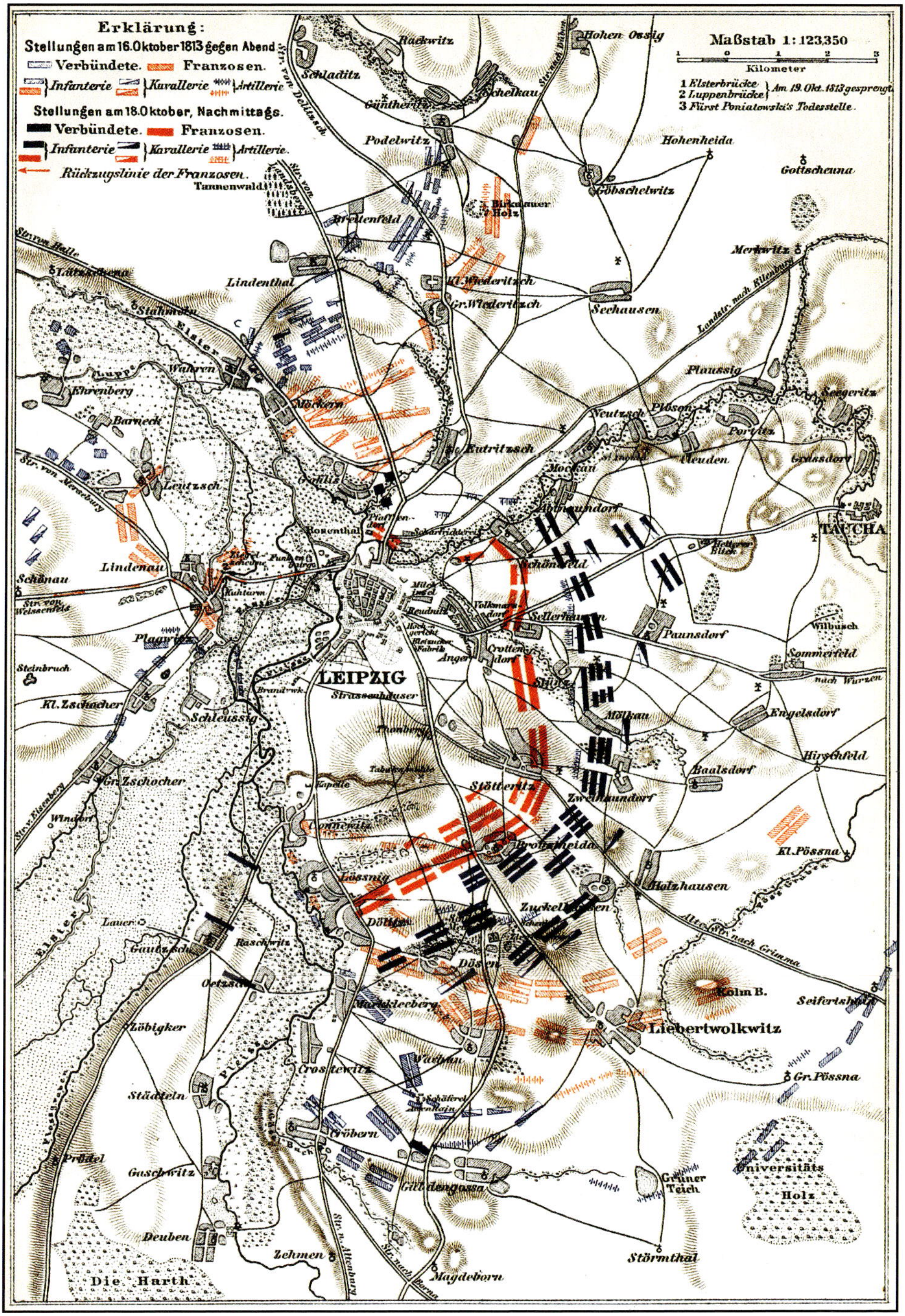
Erklärung:
Stellungen am 16. Oktober 1813 gegen Abend
Verbündete. Franzosen.
Infanterie Kavallerie Artillerie
Stellungen am 18. Oktober, Nachmittags.
Verbündete. Franzosen.
Infanterie Kavallerie Artillerie
Rückzugslinie der Franzosen.
Maßstab 1:123350
Kilometer
1 Elsterbrücke
2 Luppenbrücke
Am 19. Okt. 1813 gesprengt.
3 Fürst Poniatowski's Todesstelle.
LEIPZIG
Rackwitz
Hohen Ossig
Schladitz
Schelkau
Podelwitz
Hohenheida
Gottscheuna
Göbschelwitz
Tannenwald
Breitenfeld
Lindenthal
Kl. Wiederitzsch
Gr. Wiederitzsch
Seehausen
Merkwitz
Stahmeln
Wahren
Möckern
Plaussig
Plösen
Seegeritz
Neutzsch
Portitz
Ehrenberg
Barneck
Leutzsch
Eutritzsch
Mockau
Heuden
Grassdorf
Gohlis
Abtnaundorf
TAUCHA
Rosenthal
Schönefeld
Lindenau
Schönau
Sellerhausen
Paunsdorf
Wilbusch
Sommerfeld
Plagwitz
Steinbruch
Anger
Crottendorf
Stünz
Kl. Zschocher
Schleussig
Strassenhäuser
Mölkau
Engelsdorf
Thonberg
Baalsdorf
Hirschfeld
Gr. Zschocher
Stötteritz
Zweinaundorf
Windorf
Connewitz
Probstheida
Kl. Pössna
Lössnig
Holzhausen
Lauer
Dölitz
Zuckelhausen
Raschwitz
Gautzsch
Dösen
Kolm B.
Seifertshain
Oetzsch
Markkleeberg
Liebertwolkwitz
Löbigker
Wachau
Crostewitz
Gr. Pössna
Städteln
Gröbern
Prödel
Gaschwitz
Gülden Gossa
Grüner Teich
Universitäts Holz
Deuben
Zehmen
Störmthal
Die Harth
Magdeborn

NACH
1813

Johann Daniel Ahlemann, Totengräber in Leipzig

Er führte in seinem Amt als Totengräber auch die Leichenbücher, in denen er genau notierte, welche Person wann gestorben war und wann sie begraben wurde. Auf den letzten Seiten des Leichenbuches von 1813 schrieb Ahlemann dazu seine Erlebnisse während der Völkerschlacht im Umfeld des Leipziger Johannisfriedhofes nieder, vermutlich nachträglich 1814. Vom tiefen Mitleid gegenüber den Opfern getragen, verfasste er damit eine der schaurigsten Geschichten der Völkerschlachtzeit.

Johann Daniel Ahlemann wurde am 7. Oktober 1765 in Genthin bei Magdeburg als Sohn eines Maurermeisters geboren. Er erlernte das Handwerk des Perückenmachers. Am 26. Juli 1790 erwarb er das Bürgerrecht der Stadt Leipzig und heiratete am 14. November 1790 Christiane Wilhelmine Becker (starb am 11. Januar 1823), mit der er sechs Kinder hatte. Am 26. Januar 1810 wurde er Nachfolger des verstorbenen Totengräbers Netto und so Besitzer des Totengräberhauses am äußeren Grimmaischen Tor, das während der Völkerschlacht im Zentrum heftigster Kämpfe stand. Am 17. August 1825 heiratete er seine zweite Ehefrau Maria Dorothea Kneist, mit der er einen Sohn hatte. Bis zu seinem Tod am 29. Juli 1832 war er Totengräber auf dem Johannisfriedhof. Ahlemanns dritter Sohn, Carl Ludwig, der seinen Vater 1813 während dessen Krankheit auf dem Friedhof vertreten hatte, wurde nicht, wie beabsichtigt, als sein Nachfolger eingestellt. Er heiratete eine Putzmacherin und führte später eine Hutfabrik.

Anlässlich der 50-jährigen Erinnerungsfeier an die Völkerschlacht im Jahre 1863 wurde das Gedächtnisblatt „Der Leipziger Totengräber in der Völkerschlacht. Seine Erlebnisse bei der Erstürmung Leipzigs am 19. Oktober 1813 und die Greuel auf dem Gottesacker überhaupt. Nach einer hinterlassenen Handschrift“ herausgegeben und zur 100-Jahrfeier 1913 durch den Kommissions-Verlag von Georg Petzold Nachf. nachgedruckt. Bei genauem Studium dieser Veröffentlichung und ihrem Vergleich mit den Aufzeichnungen des Totengräbers ist erkennbar, dass damals kein Transkript veröffentlicht wurde, sondern eine sinngemäße Darstellung, zum Teil mit Originalpassagen.

Ursula Drechsel aus Leipzig, verheiratet mit einem Nachfahren von Johann Daniel Ahlemann, fand bei ihren Nachforschungen zur Familiengeschichte nicht nur die aufgeführten biografischen Angaben zu Ahlemann, sondern auch die Originalhandschrift im Leichenbuch von 1813 und transkribierte sie dankenswerter Weise. Im folgenden ist der genaue Wortlaut wiedergegeben.

Gefangene Franzosen in einer Gruft auf dem Johannisfriedhof, 1813

„WIE DIE SCHATTEN SCHLICHEN SIE LANGSAM UND ENTKRÄFTET UMHER"

Möchte der allerhöchste Weltregierer nie wieder wollen, dass die Menschheit dergleichen Angst und Schreckens Scenen auszuhalten haben sollte!! als die guten Bewohner Leipzigs im Jahre 1813 ausgehalten haben. Und da ich als Todtengräber hier auf dem Gottes-Acker vieles aus der ersten Hand doppelt und dreifach zu empfinden hatte, und Augenzeuge von dem Greuel welches hier vorging, war, so möchte ich gern der Nachwelt hiervon eine Beschreibung machen, doch sind Worte zu wenig, die Empfindungen auszudrücken welche die Menschheit auszuhalten hatte und auch dann, wenn man sich alles, was Elend in der Welt ist, in der abschäulichsten Gestalt vorstellen wollte, so kann man nur ein geringes Gemälde daran haben. Daher halte ich es für meine Pflicht, so viel ich denn empfunden habe und Augenzeuge davon war, hier so gut es nur durch Worte möglich ist, herzusetzen, damit die Nachwelt bei ruhigen Zeiten nie vergessen möge, das diese durch Gott gemachte Zulassung, den Menschen für Streit und Eigendünkel bewahren möge.

Die Schönheit des St. Johannis Gottes-Acker war vor den schrecklichen Ereignissen unvergleichlich und wer die verstorbenen der Seinigen hier bei den Grabhügeln oder Gruft besuchte, fand durch das Angenehme welches diese umgab einigen Ersatz und Beruhigung darin, dass er diese an einem nicht Schauerlichen, sondern mehr angenehmen Ort aufhalten mußte, und nicht selten wurde der Gedanke hierbei geäußert, selbst diesen so angenehmen Ort, so bald als möglich bewohnen zu können. Denn es war nicht ein schauderhafter Begräbnisplatz, sondern es war ein durch Kunst und Natur entstandener schöner Lustgarten, welcher durch Aufmerksamkeit und Fleiß zu einer großen Vollkommenheit gediehen war.

Schrecklich wüthete schon mehrere Jahre der Krieg in der Nähe bei Leipzig, bis endlich der Sturm nach und nach immer näher an unsere Stadt heran rückte. Es wurden für die vielen Kranken und Bleßierten Lazarethe eingerichtet, wozu auch die St. Johannis Kirche, welche kaum von den ersten mal wieder hergestellt war, um zum zweiten mal wieder hergegeben werden musste. Dadurch verlor der Gottes-Acker bei der Kirche herum sehr viel von seinen Vorzügen, den man sahe um Sonntags nicht mehr fromme Christen mit Andacht das Gotteshaus betreten, statt deßen aber sah man, mit Wehmut viele bleßierten Soldaten zu Hunderten in die Kirche bringen wo sehr viele davon ihren Geist darin aufgegeben haben, andere sehe man nach ihrer Genesung, mit verstümmelten Körpern auf dem Gottes-Acker herum schleichen, welche aus Lüsternheit das nicht reif gewordene Obst mit samt den Aesten von den Bäumen herunter rissen.

Da nun der Anfang zum Ruin auf den Gottes-Acker gemacht war, so wurde bald nachher darauf veranstaltet, das die von den Franzosen gemachten Gefangenen, auf dem Gottes-Acker gebracht wurden, so das dieser Platz viele Tausende aufnehmen musste. Ich als Todtengräber wurde strenge beauftragt, alle Schwibbögen *(Schwibbogen ist hier eine überdachte Grabanlage mit Bogenöffnung für Familienbegräbnisse, meist am Rande des Friedhofs gelegen)* zu öffnen, damit die Gefangenen hierin ein Obdach hätten, und so wurde der ganze Gottes-Acker, mit Gefangenen Rußen, Preußen und Oesterreichern, überzogen, doch aber da diese zu Eßen und Feuerholz bekamen, und auch Wache dabei war, so konnte ein großer Unfug nicht vorgehen, allein daß in jeden Schwibbogen, brandten mehrere Feuer, und es wurde bei den Leichen gekocht und gebrathen.

In den Schwibbögen, konte keine Leiche beigesetzt werden, und die Leichen welche zu der Zeit begraben werden mussten, musste man mit aller Anstrengung durch die Haufen Gefangenen bringen, wobei oft der Andrang so groß war, das man nicht an die Gräber hinzukommen vermochte. Alle meine Gottes-Acker Geräthschaften als Hölzer, Pfosten, Leittern und Bahren, wurden mir von den Soldaten weggenommen und ohne das man es hindern konnte, verbrannten diesen, musste man sich sehr Mühsam bei den Begraben der Leichen behelfen, wobei man mit steter Lebensgefahr zu kämpfen hatte. Und so musste ich mit meinen Leuten drei Wochen lang dieses Übel aushalten ohne weiter darauf achten zu können was in einiger Entfernung um uns herum vorging. Der Cannonen Donner, welchen man täglich aus der Ferne hörte wurde zur Gewohnheit, bis er endlich immer näher und stärker heran rückte.

Den 16ten, 17ten und 18ten Octbr. sah man von dem St. Johannis Thurme, Leipzig soweit man sehen konnte, von einer ungeheuren Soldaten-Maße umzingelt. Schrecklich waren die Schlachten welche auf allen Seiten vorfinden. Den 18ten Octbr. wurden viel mehr Bleßierte und Gefangene auf den Gottes-Acker gebracht, so das der ganze Platz, und selbst meine Wohnung damit angefüllet wurde, vor und hinter meiner Wohnung brannten große Feuer, das die Flamme an die Fenster in die Höhe stieg, wo ich mit meiner Familie jeden Augenblick erwarten musste, das das Haus in Flamme aufging.

Schrecklich waren die Tage, aber noch unwirtlicher die Nächte, wo ich mit meiner Familie ohne meinen Posten verlaßen zu können und von aller Hilfe entfernt, mit vielen ruchlosen Soldaten umgeben, aushalten musste.

Die Nacht vom 18ten bis 19ten Octbr. lässt sich nicht beschreiben, welche Angst und Schrecken diese erweckte, die ganze Nacht drängten Menschen, Vieh, Wagen, Geschütze in der größten Unordnung und Gedränge, und mit den allergrößten Geschrei und Getöse zum Kohlgärtner Thor hinein, und wo man hinblickte sah man nicht nur Feuer. Auch die Gefangenen auf den Gottes-Acker waren die ganze Nacht sehr unruhig und ich sahe mit jeden Augenblick meinen Todt entgegen. Endlich fing es an Tag zu werden, und ich stand so wie schon in mehreren vorhergehenden Nächten, ohne geschlafen zu haben, von meinem Strohlager auf, denn Betten hatten wir mehrere Nächte schon nicht mehr gehabt, ganz gefühllos erwartete man nun, einen neuen Schreckens Tag, allein es blieb in der Frühe ganz ruhig, und man fing schon an zu hoffen, daß sich vielleicht das Uebel etwas entfernt hätte, bis um 8 Uhr auf einmal eine ganz in der Nähe große Cannonade anging, wodurch vorher alle Gefangenen von dem Gottes-Acker geschaft wurden, an deßen statt aber, Franzosen in aller Geschwindigkeit, auf dem Gottes-Acker aufmarschiert kamen, welche in die Gottes-Acker Mauern, Schießlöcher durchschlugen, und stark besetzten, zudem drangen ohngefähr 50 Mann in meine Wohnung, trieben mich mit meiner Familie hinaus, schlugen die Fenster hinaus, und postierten sich daran im ersten und zweiten Stock nach der Straße zu.

Unter diesen Umständen nahm ich die Gottes-Acker Bücher, und andere Habseligkeiten, welche schon eingepackt nur zusammen, und wollte mit meiner Familie ins Hospital flüchten, wir konnten aber kaum in den Hof des alten Zuchthauses kommen, denn die Kugeln flogen schon mit entsetzlichen Getöse über uns in die Dächer, und bald darauf niedriger in die Mauern und Wände des alten Zuchthauses, so waren wir auch hier in der größten Gefahr, und da ich dieser in jeden Fall ausgesetzt war, so entschloß ich mich mit meiner Familie, ohngeachtet des Kugelregens, ins Hospital zu gehen, wo man in dem Hause der starken Mauer wegen, doch etwas sicherer war; glücklich kam ich mit meiner Familie und übrigen Habseligkeiten an die Thüre des Hospitals und bald darauf in die Pächter Wohnung an, allein nun erst da ich einigermaßen Schutz zu haben glaubte, hörte ich erst, was ich in der größten Angst nicht so geachtet hatte, nämlich den nahenden Donner der Cannonen, welcher in der Pächter Wohnung von denen Anwesenden, mit Angst und Schrecken Gehäule vermischt war, wenn die Kugeln durch die Scheunen Dächer saußten, und die Gebäude alle um uns her in Brand zu stehen schienen, da lag ein jeder auf seinen Raum, und betete zu Gott um Errettung, den es war als solle die Welt in jeden Augenblick untergehen, und so hatte man vier Stundenlang, diese schreckliche Angst auszuhalten, ohne um sich sehen zu können ob nicht alles schon um uns unten in Brand stand. Von meiner Wohnung glaubte ich unter diesen Umständen nichts wieder zu finden, und alles was ich darin gelassen hatte, glaubte ich das es ein Raub der Flammen geworden sein würde.

Darauf fing der Cannonen Donner an, etwas mäßiger zu werden, und bald ganz nachzulaßen, und schon fing man an, wieder etwas freien Athem zu schöpfen, doch aber ehe man sich versah, ging das Ungewitter von neuen an, mit größerer Heftigkeit zu Stürmen, als es vorher gewesen war, jedoch dauerte dieses nicht lange, und lies bald wieder nach, und so daß die Cannonen bald ganz ruhig wurden, und zuletzt hörte man nur noch das kleine Gewehr Feuer, welches sich immer mehr, nach der Stadt hinein zog, darauf hörte man nun bald das die Russen und Preußen in die Thore herein rennen.

Und da man nun die größte Gefahr vorüber glaubte, und anfing sich schüchtern umzusehen, wie die Sachen stünden, und was man noch zu erwarten hatte, so wurde auf einmal das Hospital Thor welches in den Hof gehet, und stark verrammelt war, aufgesprengt, und Russen und Preußen drangen in großen Haufen herein so, dass bald der ganze Hof und die Wohnungen davon angefüllet war. Diese vom Gefecht ermatteten Menschen wollten nur zu leben haben es wurde ihnen auch alles was da war gern und willig gereicht, allein es war nicht möglich, bei den schon vorher eingetretenen Mangel, so viel aufzutreiben, um alle diese Menschen befriedigen zu können, und da nun nichts mehr vorräthig war, so wurde von den Soldaten alles durchsucht, und was diesen anstand genommen, selbst die alten Hospitaliten mussten hergeben was sie hatten, auch ging dieses alles nicht ohne Mishandlungen ab. Das Vieh aus dem Hospital wurde genommen, und die Schweine wurden gleich im Hofe, erst die Beine, und nachher die Köpfe herunter gehauen. Alles Getreide und Heu wurde von den Böden herunter geworfen, und lag Haufen weise auf dem Hospitalhof umher, so das man auf manchen Flecken eine Elle tief darin gehen musste und so dauerte dieser Greuel mehrere Tage fort.

Als es nun gegen Abend des 19ten Octbr. etwas ruhig zu werden anfing, so sehnte ich mich mit meiner Familie nach unserer Wohnung wo ich zwar nichts mehr darin zu finden glaubte, allein da ich um die Ecke des Schwibbogens Nr. 48 blickte und das Haus noch stehen sah, da traten Tränen des Danks zu Gott in meine Augen für den Schutz welchen mir der allerhöchste verliehen. Froh und leicht ging ich nun zu meiner Wohnung, doch schüchtern betrat ich die Hausthüre, da ich diese zerschmettert fand, und der Muth sank nun von neuen, da ich alle übrigen Thüren im Hause in gleicher Verfaßung fand, der Ruin des Hauses war groß, aber der Verlust meines Hausgeräthes und Habseligkeiten, war noch größer, denn alles was ich in den Hause gelassen hatte war zerstört und ruiniert, die Fenster waren größtentheils heraus und zerschlagen, und die Stuben mit Bluth und Unflath angefüllet, die Decken und Wände waren von Kugeln durchschossen, mehrere Cannonenkugeln waren durch drei Wände gegangen, wovon noch eine zum Andenken in der Stube im ersten Stock eingemauert zu finden ist. Da nun unter diesen Umständen das Haus nicht zu bewohnen war, so war Herr Oeltzner der Küster in der St. Johannis Kirche, so Menschenfreundlich mich und meine Familie in seiner Wohnung aufzunehmen. Schon mehrere Tage war man durch Angst und Schrecken geschwächt, und auch dieser Tag, hatte man nicht das Geringste genossen, ein jeder war von allen Nahrungsmittel entblößt, oder gebrauchte das wenige was er hatte, selbst für seine Familie, zum Glück wurden noch etwas Kartoffeln vorgefunden, welche uns vortrefflich mundeten, den an Brot war gar nicht zu denken, unser Lager war auf den bloßen Dielen, und auch hier stöhrte jeden Augenblick ein neuer Vorfall.

Meine Wohnung war ganz offen und frei, weil weder Thüre noch Fenster darin ganz waren und viele Rußische und Preußische Soldaten untersuchten darin alles, und nahmen was die Franzosen darin gelassen hatten.

Als nun unter Angst und Schrecken der Morgen des 20ten October anbrach, so dachte ich erst daran, dass ich die Gottes-Acker Bücher im Hospital gelaßen hatte, weil ich diese durch die vielen Soldaten nicht durch zu bringen im Stande war, und da mir diese Bücher zu sehr am Herzen lagen, so scheute ich nichts, ging so bald es Tag wurde, dringend durch die vielen Soldaten, in die Wohnung des Hospitalpächters wo ich meine Bücher gelaßen hatte, aber wie sehr erschrak ich da von Seiten des Pächters niemand gegenwärtig war, alle Thüren in der Wohnung waren auf, das ein jeder hinein gehen konnte. Der Pächter nebst seiner Familie waren in die Stadt geflüchtet.

Unter diesen Umständen, gab ich meine Bücher schon für verlohren, ich suchte so lange, bis ich endlich den Korb mit den Büchern, in einer Ecke der Speisekammer stehen fand, froh nehme ich diesen auf den Rücken und brach-

Tote und Verwundete an der Johanniskirche am 19. Oktober 1813

te denselben in der Wohnung des Küsters in Sicherheit, und dachte ich bei mir selbst mag alles verlohren gegangen sein, habe ich doch die Bücher des Gottes-Acker wieder. Nun trat der Fall ein, dass die zu Gefangen gemachten Franzosen, alle auf den Gottes-Acker gebracht wurden, und so wimmelte bald der ganze Gottes-Acker von Gefangenen Franzosen aufs Neue.

Noch lagen die Todten und Halbtodten auf dem Gottes-Acker, von den vorhergehenden Tag umher, und man konte kaum einige Schritte gehen, ohne nicht auf einen Todten oder verwundeten Menschen zu stoßen, und so lagen Gesunde, Verwundete und Todte, alles untereinander, und fast jeder Schwibbogen war davon angefüllet. Sterbend krochen die Menschen auf Händen und Füße zu einem Ruhepunkt, wo sie ihren Geist aufgeben suchen; Halbtodt wurden sie von den Rußen Nackend ausgezogen, und mussten in Schlamm und Näße bei der kalten Jahreszeit, ohne alle Hülfe umkommen.

Schrecklicher aber wurde es noch, da die Gefangenen mehrere Tage eingesperrt und weder zu Eßen noch zu trinken bekamen, wobei diesen nichts zu ihrer Erholung übrig blieb, als die Wärme, welche sie sich durch das Feuer, welches sie von dem Holze, des Gottes-Ackers, sich verschafften, und sich, so gut es möglich, halten. Wie die Schatten schlichen sie langsam und entkräftet umher, andere brüllten für Verzweiflung und Hunger, manche setzten sich auf die Grabhügel, rupften das darauf noch grüne Gras davon und aßen dieses für Hunger und Durst. Zwei todte Pferde, die auf dem Gottes-Acker lagen, wurden nach und nach von ihnen verzehret, so auch mehrere Hunde und Katzen verzehrten sie, mit dem größten Appetit, auch konnten sie nicht mal hinlänglich Waßer bekommen, und an Brot war zu dieser Zeit gar nicht zu denken.

Bei diesen entsetzlichen Umgebungen musste ich meine Geschäfte, welche sehr häufig zu werden anfingen, verrichten, jeder Augenblick, der habe den Todt, oder den Seufzer dazu einzufangen bei den entsetzlichen Ansichten welche man stets vor Augen hatte. Zudem wurden nun die in den Vorstädten und auf den Gottes-Acker gefallenen todten Soldaten, alle auf den vierten Gottes-Acker auf große Haufen zusammen gefahren von mehrere Hundert aufgethürmet wurden, den es war nicht möglich, alle diese Menschen so geschwind begraben zu können. Die Gruben, worin sie gelegt wurden, waren 9 Ellen tief und 5 Ellen im Quadrat ausgegraben, und so sind viele Tausend, auf den vierten Gottes-Acker begraben worden.

Durch den Schreck, der vorhergehenden Tage und die dazukommende üble Luft in der ganzen Gegend, wurd ansteckende Krankheit und dadurch viel gute Einwohner Leipzigs der Todt zugeführet, den die Sterblichkeit wurde im

Monat Novbr. und Decbr. 1813 so groß, dass ich nicht mehr wusste, wo ich die Leichen beerdigen solte, dazu kam, das man die Gräber für den folgenden Tag mit aller Anstrengung gemachten Gräber schon, von den Soldaten, mit ihren Todten belegt und wieder zugemacht waren. Es war zwar Bürger Wache die Ordnung zu erhalten, auf den Gottes-Acker gestellt, allein von diesen ließen sich die Rußen nichts sagen, und die Wache hatte auch mit den Franzosen hinlänglich zu thun und auch bei diesen war es nicht möglich, die Ordnung zu erhalten. Das Feuer brannte Tag und Nacht ununterbrochen in den Schwibbögen und überall auf den freien Platze, daher wurde alles was Holz war, und wenn es noch so viel Werth hatte, genommen und verbrannt.

Ein Bürger Nahmens Borges, der die Wache hatte, wollte in den Schwibbogen No. 93 auf dem dritten Gottes-Acker ein allzu großes Feuer welches darin brannte, untersagen, wurde aber beim Herein gehen von dem Feuer geblendet, und kam den Senkloch zu nahe, und stürzte in die Gruft hinunter, wonach er bald durch diesen Fall verstarb.

Auch stürzten mehrere Franzosen in die Grüfte und mussten ohne alle Hülfe darin umkommen, andere wurden von ihren Kamerathen halb todt um sie los zu werden hinunter geworfen. Auch ließen sich viele an Seilen selbst in die Grüfte hinunter, untersuchten unten die Särge, schütteten die Leichen heraus, und nahmen das Holz herauf zum verbrennen, und so mussten viele Familien, die Ihrigen noch im Tode so schändlich gestöret sehen.

In diesen vorangezeigten Ereignissen vergingen vierzehn Tage, ehe der Gottes-Acker von den Gefangenen geräumt wurde, während dieser Zeit musste man diesen Greuel tagtäglich ansehen ohne helfen zu können. Bis endlich Anstalten zur Fortschaffung dieser Menschen getroffen wurde. So wurden die welche der Hunger, und die Verzweifelung in bloße Schatten verwandelt hatte, auf Wagen fortgebracht, den zu gehen war es vielen davon nicht möglich, da sie wie die Fliegen in Wintertagen umher lagen, so wurden sie auf Wagen geladen, und in ein Lazarethe geschafft. Und so hatte den endlich der Jammer und das Elend mit diesen Menschen hier ein Ende.

Da sie nun fort waren und man wieder um sich blicken konnte, da sahe man erst den Ruin des vorher so schön gewesenen Gottes-Ackers, auch wird es jeden der nicht Augenzeuge war, unglaublich vorkommen, und ist mir nicht möglich von dieser Ansicht eine Beschreibung zu machen, den Worte können den Greuel und die Verwüstung nicht ausdrücken, doch denke man sich den ganzen Platz des Gottes-Acker von allen Arten zerbrochener Waffen, Patronentaschen, Hüten, Montierungen, Tornister und allem, was der Soldat bei sich führet und was an Gerätschaften herbeigeschafft angefüllet, jedoch war dieses alles von der Beschaffenheit, dass man es nicht gewillt ansehe, den es lag größtentheils im Kothe versunken, wofür man auch fast keinen Schritt thun konte, ohne sich nicht zu besudeln, und abschäulich war der Geruch welcher hierdurch verbreitet wurde von dieser entsetzlichen Mischung, was sowohl der freie Platz des Gottes-Ackers als auch die Schwibbögen überzogen, und sahe man in die Grüfte hinunter, wo dass Gevierte auf den Senklöchern, welches von Holz gewesen war, heraus gerißen und verbrandt war; Unten in den Grüften, lagen die Leichen aus ihren Särgen geschüttet, unter einander umher, worunter auch todte Soldaten häufig zu finden waren, welche von denen andere um sie oben los zu werden, noch mit dem Todte ringend hinunter geworffen wurden, um unten vollens ihren Geist aufgeben zu müßen.

Darauf wurde nun Anstalt getroffen, das der Gottes-Acker, von diesen Unflath wieder gereinigt wurde, viele Arbeiter berichten diesen mehrere Tage, auf große Haufen zusammen und viele hundert Wagen voll sind fortgebracht worden. Viele Eigenthümer der Schwibbögen ließen auch nachher bald die ihrigen wieder in Ordnung bringen, die Grüfte wurden gereinigt und die Leichen so gut es sich thun ließ, wieder in ihrer Ruhestädte gebracht. Der Schade welcher durch allen diesen Greuel verursacht wurde, war sehr groß, wo vieles gar nicht wieder zu ersetzen ist.

Die Kirche St. Johannis blieb noch immer fortwährend ein Lazareth, und die Sterblichkeit der Einwohner war im Monat Januar und Febr. 1814 immer noch sehr groß, doch aber lies es nach und wurde bis im Monat Juny und July ganz gering.

Darauf wurde die Kirche St. Johannis nach und nach wieder geräumt und da der Herr Baumeister Loth als Vorsteher Alters halber, sich nicht mehr mit Wiederherstellung befassen konnte, so trat der Herr Baumeister Erckel als Vorsteher an dessen Stelle, wo unter dessen Leitung und Führung, das Beth und Gotteshaus, in aller Geschwindigkeit, besser als es vorher war, wieder hergestellt wurde.

Dank für den allerhöchsten Gott, Dank für den Herrn Vorsteher, von jeden guten Menschen immer fortwährend, bis in die spätesten Zeiten gebracht, für die Gnade und Errettung Gottes und für die Mühe und Sorgfalt des Herrn Vorstehers.

Ansicht des Hallischen Tores am 20. Oktober 1813

Ferdinand Heinrich Grautoff, Theologiestudent in Leipzig

Unter dem Titel „In Leipzig während der Völkerschlacht und anderes von der Franzosenzeit aus alten Familienpapieren" veröffentlichte Ferdinand Grautoff 1913 in der Dieterich'schen Verlagsbuchhandlung Leipzig die Aufzeichnungen seines Großvaters Ferdinand Heinrich Grautoff.

Dieser war 1789 in Kirchwärder bei Hamburg als Sohn eines Pastors geboren worden. 1810 begann er ein Studium der Theologie an der Universität Leipzig. Geschichtlich und literarisch sehr interessiert, hielt er alle Ereignisse, die sich um die Völkerschlacht herum abspielten, in einem Tagebuch genauestens fest. Ursprünglich war vorgesehen, dass er 1813 seine Studien in Leipzig beendet haben sollte, aber er verlängerte den Aufenthalt dort, um dem Sohn der Gräfin Solms-Laubach bei dessen Studium in Leipzig zur Seite zu stehen. So konnte er seine eigenen Studien fortsetzen und wurde Augenzeuge der Völkerschlacht um Leipzig. Als sich dort der Typhus verbreitete, wünschte die Gräfin Solms, dass ihr Sohn und Grautoff zu ihr nach Baruth kämen. Doch auch dort war der Typhus bereits ausgebrochen und Grautoff erkrankte daran. Wieder genesen, im Dezember 1813, ging er in Baruth daran, seine Aufzeichnungen und Erinnerungen aus den Tagen der Völkerschlacht zusammenzufassen. An häufigen Rückfällen der Krankheit leidend, starb er 1832 in Lübeck als Professor und Bibliothekar.

Die Originalhandschrift Grautoffs konnte für die folgende Abhandlung nicht herangezogen werden. Ihr Verbleib ist unbekannt. Daher ist ein Auszug aus dieser Veröffentlichung aus dem Jahre 1913, beginnend mit den Aufzeichnungen zum 20. Oktober 1813, wiedergegeben.

„VON DEN TAGEN VOR LEIPZIG DATIERT SICH EIN SCHULDBRIEF, WIE ER NOCH KEINE ZEIT GEDRÜCKT HAT“

In Leipzig selbst war der Jubel von gestern *(Dienstag, den 19. Oktober 1813)* wieder verstummt; denn mit dem schwer erkämpften Siege konnten noch nicht so schnell alle Wunden geheilt sein, aus denen Stadt und Land bluteten. Freilich standen nun alle Wege nach Leipzig wieder offen; aber da viele Meilen weit nach allen Seiten die Dörfer in Schutt und Asche lagen, so war noch an keine Zufuhr zu denken, und der Mangel an Nahrungsmitteln, besonders an Brot, Gemüse, Salz, Milch und Butter, wuchs bis zur wirklichen Hungersnot. Waren doch auch mit den Verbündeten wieder viele Tausend Gäste eingerückt, und überdies an Kranken und Verwundeten noch um die Hälfte mehr zu speisen, als das ganze Leipzig vorher Bewohner zählte.

Von allen Seiten nämlich wurden auch an diesem Tage wieder Verwundete zur Stadt gebracht, so daß die früher zu Lazaretten eingeräumten Gebäude durchaus nicht mehr hinreichten, alle aufzunehmen. Hatten doch auch schon die Franzosen in den letzten Tagen den Bürgern verwundete Offiziere in die Häuser gelegt, für die Gemeinen aber fast gar nicht sorgen können.

Trotzdem, daß sie dann kurz vor Einnahme der Stadt alle Kranken und Verstümmelten, die nur noch auf die Beine zu bringen waren, gewaltsam aus der Stadt trieben, waren doch immer noch nahe an 20 000 Verwundete in den Lazaretten geblieben. Rechnet man dazu nun die vielen Tausende der Verbündeten, die rings auf den Schlachtfeldern lagen und jetzt endlich in Leipzig Pflege und Nahrung erwarteten, dann aber die vielen verwundeten Franzosen selbst, die früher noch nicht zur Stadt gebracht werden konnten, so wird es nicht mehr übertrieben erscheinen, wenn man angibt, daß die Zahl der Verwundeten in Leipzig bald auf 45 000 anwuchs. Alle öffentlichen Gebäude waren schon längst zu Lazaretten eingeräumt, jetzt wurden auch mehrere Privathäuser, besonders in den Vorstädten, dazu eingerichtet, so daß Leipzig bald 56 Militärlazarette hatte, von denen manche, wie die größeren Kirchen, über 2 000 Unglückliche aufnahmen, während andere freilich nur für einige Hundert Raum boten. Außerdem aber bestanden noch unter den Trümmern der naheliegenden Dörfer viele Feldlazarette, von denen sich manche bis zum Dezember stehend erhielten.

Übrigens konnte unter der größeren Sicherheit, die jetzt die Sieger gewonnen hatten, auch besser für den Transport der Verwundeten gesorgt werden, die mehrenteils auf bequemen Lazarettwagen zur Stadt geschafft wurden. Vorzüglich waren durch die Einrichtungen ihrer Feldlazarette hierbei die Preußen begünstigt, die überdies ihre Verwundeten, wo es irgend möglich blieb, nicht lange in Leipzig ließen, sondern in langen Wagenzügen über Dessau ihrer Heimat zuführten. Trotz dieser größeren Vorsorge, die sie genossen, waren es dessen ungeachtet die preußischen Verwundeten, die vorzüglich die ungeheucheltste Teilnahme weckten, weil sie vor allen ihren Schmerz mit Mut und Kraft ertrugen. Sah man dagegen auf die Russen, die von ihrem Schmerz sich ganz beherrschen ließen, und trotz ihres kraftvollen Körpers nur kleinmütig jammerten und winselten, so fühlte man es tief, wie hier über die gemeinere Natur Vernunft und Ehrgefühl noch keine Gewalt gewann. Wie groß bleibt, wo ihr Unglück sie gleichstellt, dennoch da der Abstand zwischen dem echten Krieger und dem Halbwilden!

Unter der größeren Ruhe dieses Tages erkannte man übrigens zuerst den furchtbaren Eindruck, welche Sorge und Angst in dieser langen Zeit des Schreckens allmählich auch auf die Gemüter der Bürger gemacht hatte. Diese Abgestumpftheit, diese Gleichgültigkeit, mit der so viele kaum nach den Begebnissen des Tages fragten, die Mattigkeit und Unsicherheit in ihrem Blicke, das Zitternde in den Bewegungen ihrer Muskeln verriet am deutlichsten, in welcher Spannung und Angst die kaum vergangenen Tage sie erhielten. Zugleich aber waren es die traurigen Vorboten eines neuen Elends, das dann nur zu schnell eintraf. Den Erfahrenern konnte es schon jetzt nicht verborgen bleiben, daß, wenn das Lazarettfieber, das seit dem Mai dieses Jahres noch nicht wieder ganz unterdrückt war, bei der Menge der Lazarette, bei der Unsauberkeit auf den Gassen, bei dem Mangel an gesunden Nahrungsmitteln und bei der nassen Herbstwitterung, wieder heftiger zu wüten anfing, die langwährende Angst und Bekümmernis ihm auch unter den Bürgern von neuem viele Opfer zuführen würde. Unter den traurigen Beispielen einer plötzlichen Einwirkung angstvoller Sorge bleibt mir besonders merkwürdig, wie ein junges Mädchen (Demoiselle H.) schon am 18. Oktober unter den Schrecken des Tages in solche Unruhe und Angst geriet, daß sie endlich besinnungslos aus dem Hause ihrer Eltern in der Vorstadt fortstürzte, weiter durch das Grimmaische Tor eilte, wo man sie zuletzt erkannt haben will, und wie rasend immer weiter bis mitten ins wilde Schlachtgewühl sich stürzte. Dort ging jede Spur von ihr verloren, obwohl ihre bekümmerten Angehörigen nachher tagelang die Schlachtfelder durchsuchten, um wenigstens die Leiche der Geliebten wieder zu finden. Fast eben so schnell tötete der Schreck die Frau eines nicht unbemittelten

Handwerkers, die, in dem Wahne, daß aus einem halb überhangenen Wagen (wie man sich ihrer in der Not zum Leichentransporte bediente) ein Verwundeter die Hand nach einem Almoßen zu ihr ausstreckt, ihm willig denselben reichen will. Da fühlt sie aber die kalte Leiche und sinkt ohnmächtig nieder. Nach drei Tagen war sie unter furchtbaren Nervenzufällen gestorben.

Wer aber möchte alle die Opfer zählen, die auf diese Weise bald schneller, bald langsamer der Tod sich wählte! Die sichersten Nachweisungen dazu geben die Leichenzettel, welche allwöchentlich in Leipzig gedruckt werden; sie wuchsen bald zu ganzen Bogen an, und immer war unter den Gestorbenen eine große Anzahl als Opfer jener Schreckenstage bezeichnet. Der Tausende, die in den Lazaretten starben, geschah dabei gar keiner Erwähnung. Von dem großen Schlachtfelde außer der Stadt sah ich an diesem Tage nichts; denn bei der Beutelust der umherschwärmenden Kosaken wagte sich niemand weiter als bis in die Vorstädte hinaus, oder, wer es wagte, kehrte doch bald wieder um. Begegnete man doch schon zwischen Stadt und Vorstadt der Schrecken genug! Ja, vielleicht bot manches Schlachtfeld selbst keinen furchtbareren Anblick, als sich hier schon rings dem Auge öffnete. Auch ich ging an diesem ersten Tage nicht weiter, als bis an das äußere Ranstädter Tor und bis an jene Notbrücke, die aus dem Richterschen Garten über die Elster geschlagen war. Aber welch ein Anblick namentlich hier! Der schwarze moorige Fluss war wie gedämmt von Leichen der Menschen und Pferde. Längs beiden Rändern des schmalen Flusses hoben sich halb über das Wasser viele tausend Arme, die zum Teil schon mit den Händen in das Gras des hohen Ufers fassten. Doch die Unglücklichen, die sie mit der letzten Anstrengung ihrer Muskeln sehnsüchtig ausgestreckt hatten, waren schon zu schwach gewesen, um sich wieder aus dem schlammigen Grunde zu heben, worein sie versunken waren. So brachte ihnen der tückische Fluss einen schmählichen langsamen Tod, und noch heute standen die langen Reihen der Leichen, wie sie gestern im Tode erstarrten, den Kopf zum Teil kaum halb unter dem Wasser.

Man war gerade beschäftigt, den Leichnam des Fürsten Poniatowsky zu suchen; die polnischen Studenten in Leipzig waren dabei am tätigsten. Aber welch grauenvoller Anblick, als man so aus dem dichten Gewirre die nassen Leichen halb hervorzog, dann aber wieder gleichgültig hinabstieß, ohne daß der träge Strom sie mit sich fortnahm! Die Ufer ringsumher boten das Bild der angstvollsten Flucht. Alles war wie übersät mit Flinten, Tschakos, Tornistern und allem, was die Unglücklichen in der Todesangst weggeworfen, um desto leichter zu entfliehen. Es kann das Ufer der Beresina keinen furchtbareren

Anblick geboten haben, als die Ufer der Elster von hier bis an das Ranstädter Tor. Eine geringe Ausdehnung von kaum 1 000 Schritten, aber groß genug zum Grabe für viele Tausende. Der schmerzvollste Tod zeigte sich hier in allen Gestalten.

Doch es wäre Unrecht, wollte ich hier weiter jedes einzelne erzählen, und Rechenschaft von allen Ereignissen geben, die nun die folgenden Tage brachten. Es sei genug, daß ich nur noch im allgemeinen weniges erwähne, was das unglückliche Leipzig in den nächsten Tagen nach seiner Befreiung noch sah und erduldete: alles die unabwendbare Folge der mörderischen Völkerschlacht selbst. Auch beschränke ich mich dabei nur auf das, was ich selbst sah und erfuhr, ohne deshalb ganz in Zweifel zu ziehen, was andere nicht ohne Verdacht der Übertreibung erzählen.

Eben daher wage ich auch nicht mehr als ein Wort über die ersten Resultate des großen Sieges zu sagen. Ich habe Kolonnen von vielen tausend Gefangenen abführen sehen, zählte, als man einen Teil des erbeuteten Geschützes auf dem Roßmarkte aufgestellt hatte, über 130 Stück, sah Leichen zu vielen Hunderten auf einen Haufen gebracht; aber wie könnte ich danach nur ungefähr berechnen wollen, wie viele Tausende getötet und verwundet, wie viele Gefangene gemacht, wie viele Kanonen erobert wurden?

Nichts ist hier unsicherer als die Angabe des Augenzeugen, wenn er nicht gerade nach seiner Stellung wirklich eine allgemeine Übersicht gewinnen kann. Nur das bemerke ich, daß, wenn der Verlust der Franzosen in öffentlichen Blättern 15 000 Tote, 30 000 Verwundete und, außer den 20 000, die man noch in Leipziger Hospitälern fand, auf 16 000 Gefangene angeben ward, ich nie eine gültige Stimme vernahm, welche diese Angabe in Zweifel gezogen hätte.

Der erbeuteten Feldstücke will man 302 gezählt haben; die Zahl der zerstörten Munitions-, Pulver- und Bagagewagen kann wohl niemand bestimmen. Übrigens ist kaum zu leugnen, daß der Verlust der Alliierten an Toten und Verwundeten gewiß ebensogroß war, ja ursprünglich vielleicht noch größer. Aber das ist das Los des Besiegten, daß von seinen Verwundeten, denen gewöhnlich zu spät und zu ärmliche Hilfe wird, die Mehrzahl dahinscheidet, während der Sieger noch manches Leben rettet. So war es auch hier. Die unglücklichen Franzosen blieben vier, fünf Tage hilflos auf den feuchten Schlachtfeldern liegen, während die vorrückenden Sieger ihren Verwundeten hinter ihrer Fronte Schutz und Pflege schaffen konnten. Eben daher sahen wir auch in Leipzig selbst verhältnismäßig nur wenige verwundete Preußen,

Russen und Österreicher, aber wer danach allein auf den geringen Verlust der Alliierten schließen wollte, irrte weit von der Wahrheit ab.

Der größte Feind, den in den ersten Tagen nach der Schlacht mit den Gefangenen und Verwundeten zum Teil die Leipziger selbst zu bekämpfen hatten, war der Hunger. Aber wie manche Hilfe blieb hier noch den Bürgern, so daß, was er und die trostlos umherirrenden Landleute litten, in keinen betracht zu ziehen ist gegen die Qualen, unter denen die Kranken und Gefangenen seufzten. Wie viele Hunderte von ihnen starben wirklich den greulichen Hungertod. Und das mitten in dem gesegneten Sachsen, auf den Fluren, die jüngst noch die reichste Ernte boten, in den Straßen und vor den Toren der glücklichen Stadt, wo sonst nur Fülle und Wohlleben herrschte. Aber keiner hatte Nahrungsmittel zu geben, und mit Geld war nicht zu helfen. Der Sachse kennt nämlich nicht die Gewohnheit des nördlichen Deutschlands, sein Haus im Herbste für den Winter zu versorgen; jedes Lebensbedürfnis nimmt er auch im Winter vom Markte, den auch größtenteils nur die Landleute mit Brot versorgten. Jetzt aber, wo alle Dörfer ringsumher im Schutte lagen, der Bauer heimatlos umherirrte, stand der Markt leer und öde, und jedes Lebensbedürfnis fehlte.

So kam es denn, daß die verlassenen Gefangenen, vom furchtbarsten Hunger gequält, bald auch nicht die ekelhafteste Nahrung verschmähten. Selbst in den Straßen der Stadt denn in den ersten Tagen ließ man die gefangenen Kranken und Verwundeten noch ungestört umherziehen, durchwühlten sie jeden Kehrichthaufen, verschlangen heißhungrig die schmutzigsten Kartoffelschalen, und stritten sich um jeden Knochen. In den Vorstädten und vor den Toren, wo so viele getötete Pferde lagen, sah man nicht selten diese von Unglücklichen umlagert. Mit einem alten Bajonette, ja mit den Zähnen selbst nagten sie das Fleisch von den Knochen des Tieres und schlangen es roh hinunter, oft noch argwöhnisch um sich blickend, ob auch ein Kamerad sie von ihrer Stelle zu verdrängen wage. Denn oft lagen sechs, acht Unglückliche um ein gefallenes Roß, alle mit Händen und Zähnen unter des Tieres dicker Haut fortwühlend, um den letzten Bissen von den Knochen zu reißen. Um den besseren Platz, oder um einen angerissenen Bissen rangen dann oft viele mit der letzten Kraft ihres Lebens.

Ganz nahe am äußeren Grimmaischen Tore fand ich einen unglücklichen Franzosen, der, am Beine verwundet, hier liegengeblieben war. Glücklich genug lag neben ihm ein Pferd, dem eine Kugel den Leib aufgerissen hatte. In der Höhlung des Bauches fand nun der Unglückliche Schutz vor der Witterung, und Nahrung zugleich. Beides hatten ihm aber, wie er mir sagte, seine hungrigen Kameraden oft streitig gemacht, und im Kampfe mit ihnen war er nun auch am Arme gelähmt. In allem Elende triumphierte er dennoch über seinen Sieg! Ich konnte ihm am anderen Tag etwas Brot und Wein bringen; als er es nun sah, stürzten ihm die Tränen aus den Augen.

Daß übrigens in den nächsten Tagen nach der Schlacht die Not so hoch stieg, daß jene verlassenen Unglücklichen in wilder Gier, die sie fast sinnlos umhertrieb, selbst die Leichen ihrer früheren Kameraden anfraßen, ist nicht zu leugnen, obwohl ich nicht glaube, daß dies so häufig geschah, wie man es erzählt. Denn so lange der nagende Hunger dem Menschen noch die Besinnung lässt, wird er immer wieder zurückschrecken vor so greulicher Speise; treibt ihn aber endlich die Gier wie rasend fort, da unterscheidet er auch nicht mehr, was er verschlingt, und jede Speise gilt ihm gleich. Ich selbst sah dies indessen nur einmal. Es war im inneren Hofe des Schlosses, die Pleißenburg genannt. Die oberen Säle waren hier zum Lazarette eingerichtet, und von ihnen ging eine breite Rinne in den Hof, in welcher man die Leichen und die amputierten Glieder hinabgleiten ließ. Ein halber Arm glitt eben hinab; gierig ergriff ihn einer der Unglücklichen im Hofe, und riß mit den Zähnen einen blutigen Bissen heraus. Doch ehe er ihn noch verschlingen konnte, warf er im Abscheu den Arm wieder weg zu den nackten Leichen, die hier hoch aufgehäuft lagen. Ein greulicher Anblick, und doch wird er eher aus meinem Gedächtnisse verschwinden können, als so manche andere Szene aus jener Zeit. Vor allen waren es die verzerrten Gesichtszüge dieser Unglücklichen, die den tiefsten, schrecklichsten Eindruck machten. Das ganze Gesicht sprach Gier und Angst; der halb geöffnete Mund, die verzerrten Mundwinkel, das stiere Auge, die krampfhaften Zuckungen in den hohlen Wangen, dabei, wo man einen Bissen reichen konnte, der Ausdruck der blödsinnigen Freundlichkeit, alles das vollendete ein Bild, das keine Zeit aus meiner Erinnerung verdrängen kann.

Erst am zweiten Tage nach der Einnahme der Stadt ging ich auf die eigentlichen Schlachtfelder, aber so oft ich nachher dahin zurückkehrte, weit hinaus kam ich niemals; denn da ich mitten in die Schrecken und das Elend nichts mitbrachte, nichts mitbringen konnte, als eine müßige Neugier, so trieb es mich immer bald wieder zurück. Freilich hatte man schon die meisten Verwundeten fortgeschafft, aber einzelne, die sich zu weit verkrochen, kamen jetzt, wo alles ruhiger wurde, wieder hervor und jammerten um Hilfe. Die nackten Leichen lagen noch alle unbeerdigt, und aus dem Schutte der Dörfer stieg noch hin und wieder der Rauch. Dabei ringsum eine Totenstille, nur hin und wieder unterbrochen durch den Klageton eines Verwundeten, oder durch das Geflüster der wenigen Gefangenen, die unbeachtet auf dem Felde zurückgelassen waren und nun wie Gespenster umherschlichen oder in ihrer Furcht vor den oft wiederkehrenden Kosaken ängstlich zusammenhockten. Sonst nirgends ein Laut in der ganzen ausgestorbenen Gegend, auch in den ausgebrannten Dörfern nicht, wenn hier nicht etwa noch ein Feldlazarett stand. Kein Vogel zeigte sich in der Luft, bis bald dann der Geruch des Aases Krähen und Raben in großen Zügen herbeilockte.

Die Umgebungen des Dorfes Schönefeld, das im Sturm so oft gewonnen und wieder verloren war und bis auf wenige abgedeckte Häuser ganz in Schutt lag, boten in der nächsten Entfernung zur Stadt den furchtbarsten Anblick. Ringsum hatte der Tod eine reiche Ernte gehalten; wohl drei- bis viertausend Leichen lagen hier ausgestreut, oft zwanzig bis dreißig in einer Reihe, wie sie im Anstürmen von den Kartätschen niedergeschmettert waren. Als ich mit einem Freunde über die Totenfelder dahinging, erkannten wir, daß sich unter dem umhergestreuten Stroh etwas regte: wir eilten hinzu und fanden einen französischen Gardisten, dem eine Kugel beide Beine zerschmettert hatte. Schon fünf Tage und Nächte lag er hier im regnicht kalten Herbstwetter; doch konnte er noch erzählen, wie er an dem schon mehr als halb verzehrten Arme einer neben ihm liegenden Leiche sich bis heute genährt und unter dem wenigen Stroh, das unterlag, sich kümmerlich erwärmt habe. Dies Stroh hatte ihn freilich einige Male glücklich vor den plündernden Kosaken, doch nachher auch vor denen verborgen, welche die Verwundeten vom Schlachtfelde trugen. Es waren seine letzten Kräfte, welche er anstrengte, um uns sein Elend zu klagen. Als wir wieder zurückkehrten, um ihn in das Lazarett zu schaffen, hatte ihn der Tod schon erreicht. Der Träger, den wir aus dem Lazarette mitbrachten, fand in seiner Weste noch einige Geldstücke und hielt dafür der französischen Garde eine Ehrenrede, denn bei ihr, meinte er, verlohne es sich noch der Mühe. Ich hörte ihm lieber zu als den tausend anderen, die bei dem Anblicke des Elends der Franzosen so gern mit dem Strafgerichte Gottes prahlten.

Unter den Gegenden, welche ich gleich nach der Schlacht besuchte, bot die um Möckern (nach der Hallischen Seite) nächst der um Schönefeld den traurigsten Anblick, so aber auch Lindenau, der letzte Punkt, den die Franzosen verteidigten. Aber wohin man auch sonst die Schritte wendete, überall zeigte sich das Elend und die Verwüstung in den furchtbarsten Gestalten, und nirgends führte aus Leipzig ein Weg, der nicht meilenweit über Leichenfelder gegangen wäre und durch zerstörte und verlassene Dörfer. Am furchtbarsten war die Verwüstung um Liebertwolkwitz und Wachau, wohin ich jedoch einige Wochen später kam, als die meisten Leichen schon bestattet waren.

Nachdem nämlich die ersten Schrecken der Schlacht überwunden waren, fing man zunächst mit der Reinigung der Vorstädte und der Promenaden an; aber bei der Menge der Leichen, besonders auch der gefallenen Pferde, ging die Arbeit langsam vorwärts, bis man dann auch die französischen Gefangenen dazu verwendete. Freilich fehlte es den ausgehungerten Gestalten an aller Kraft; aber da ihnen gegen diese Arbeit von der Stadt tägliche Rationen ausgesetzt wurden, so drängten sie sich bald zu diesem widerlichen Geschäfte, und das Werk wurde nun schneller gefördert. Ich sah aber, daß oft zwanzig und mehrere anziehen mußten, um ein gefallenes Pferd bis in die nächste Grube zu ziehen. Das größte Grab, das vielleicht jemals gezogen ist, war zwischen dem äußeren Grimmaischen und dem Hintertore angelegt. An 3 000 Leichen wurden in ihm geherbergt, und darüber eine Schicht ungelöschten Kalkes gelegt. Auf den weiter von der Stadt entlegenen Feldern blieben manche Leichen fast 3 Wochen lang liegen, ja, als ich gegen Ende November Leipzig verließ, war vielleicht noch nicht mehr als die Hälfte der gefallenen Pferde verscharrt.

Von der Stadt aus konnte dafür umsoweniger gesorgt werden, weil hier die Not der Lazarette noch alle Kräfte in Anspruch nahm. Die Zahl aller Kranken und Verwundeten, die in diesen zu verpflegen waren, soll, wie ich schon sagte, in den ersten Tagen nach der Schlacht bis gegen 45 000 angelaufen sein; schon die Hälfte hatte sich freilich vor und während der Schlacht angehäuft. Die Sterblichkeit war jedoch in der ersten Woche so groß, daß täglich zwischen 600 und 800 Tote fortzuschaffen waren, daher denn auch vor allen Lazaretten ganze Haufen von Leichen lagen, und die Wagen, die zu ihrer Fortschaffung bestimmt waren, noch immer nicht ausreichten. Außer dem Ranstädter Tore, am Abhange des Feldes gegen Gohlis, war ein großes Grab für diese Leichen geöffnet, täglich aber musste man neue Gräber zu Hilfe nehmen. In der zweiten Woche legte sich indessen die Sterblichkeit in den Lazaretten merklich, in der dritten Woche wurden in ihnen nur noch gegen 500 Tote gezählt. Dann reichte endlich für sie ein einzelner Leichenwagen aus, der täglich dreimal die Runde machte; ihm begegnete man überall, und der große Schimmel, der ihn zog, ward das Schreckbild für ganz Leipzig, und gewiß wird noch lange der Leichenschimmel, wie er hieß, in der traurigen Erinnerung an jene Tage fortleben.

In der Tat begann nämlich für Leipzig selbst einige Wochen nach der Schlacht eine neue Schreckenszeit, sie brachte das böse Lazarettfieber (Typhus), das immer gewaltsamer um sich griff. Schon seit dem Sommer her bekannt mit ihm, hatte man freilich gleich nach der Schlacht alles angewandt, um seiner weiteren Ausbreitung vorzubeugen; aber es war umsonst. Mochte man auch in allen Gassen den Kehricht verbrennen, und im Strohfeuer Räucherungen aller Art versuchen, mochte man in den Lazaretten selbst, als dem Sitze der Krankheit, die Luft fast stündlich durch chemische Räucherung verdünnen und reinigen, die bange Sorge in den Tagen des Schreckens, der Ekel bei allen den Greueln, die man täglich erblickte, die Entbehrung der gewohnten Speise, dazu die dicke, naßkalte Herbstluft, und vielleicht noch mehr als dies, die Furcht vor der Ansteckung, alles vermehrte das Übel mit jedem Tage.

Am furchtbarsten wütete es in den Lazaretten selbst, nirgends aber mehr als in dem Lazarette, das in der Johanniskirche vor dem Grimmaischen Tore eingerichtet war. Von allen Kranken, die hier lagen, wurden nur wenige gerettet, denn die Krankheit nahm einen fast pestartigen Charakter an und tötete oft in weniger als 24 Stunden. Alle Wärter waren gestorben oder heimlich entflohen. Die wenigen geretteten Kranken wurden endlich in andere Lazarette gebracht, die Kirche selbst aber vermauert, um in Jahr und Tag nicht wieder geöffnet zu werden.

Doch was half dies? Die Krankheit war schon in die Häuser der Bürger gedrungen und raffte hier immer wilder um sich. Die kräftigsten Naturen wurden am heftigsten von ihr angegriffen und erlagen ihr am schnellsten; die schwächeren schlugen sich leichter durch die Gefahr. Wie manches Haus wurde in diesen Tagen in drei- und vierfache Trauer gestürzt; wie manche Waisen sahen Vater und Mutter in derselben Woche begraben! Während nämlich Leipzig unter seinen Einwohnern gewöhnlich wöchentlich kaum 20 Tote zählt, wuchs jetzt deren Anzahl in einer Woche auf 245 und hielt sich Monate hindurch über 100 hinaus, die Toten in den Lazaretten, selbst die Wärter nicht mitgerechnet.

Nur ein Beleg noch, wie schnell die Sterblichkeit um sich griff. Zwölf Studenten bildeten wir schon längst einen Verein zur Übung im Disputieren, genannt Vincat Veritas! Im April dieses Jahres waren wir noch alle beisammen, frisch und gesund; im November waren sieben schon begraben. Alle die Opfer jener unglücklichen Krankheit. Unter ihnen war mein Freund V.; er lag schon während der Schlacht im heftigen Fieber, lange besinnungslos. Aus diesem Zustand erwacht er über dem ersten Jubel, der den einrückenden Monarchen entgegenschallt. Als sich der Jubelruf wiederholt, schrickt er heftiger zusammen und sinkt tot zurück. Schon in den nächsten Wochen folgten ihm zwei andere Genossen unseres Vereins. Doch ich breche hier ab, damit die Erinnerung an jene Tage mich nicht trauriger stimmt, als ich jetzt, wo ich selbst eben erst von einem Anfalle jener Krankheit erstehe, es ertragen könnte.

Was aber sonst in den nächsten Tagen nach der Schlacht in Leipzig und von dort aus geschah, daß am Freitage, den 22. Oktober, die Monarchen ganz prunklos in der Nikolaikirche ein Dankfest hielten, daß sie selbst dann bald wieder Leipzig verließen, daß der König von Sachsen am 25. Oktober mit seiner Familie als Gefangener in die Brandenburgischen Staaten abgeführt wurde, daß sein Volk sich dagegen jetzt laut für die Sache der Alliierten erklärte, dann in dem Fürsten Repnin seinen Gouverneur erhielt; daß für Leipzig aber der Oberst Prendel zum Kommandanten bestellt wurde – das alles erzählt jede Zeitung, und ich mag es nicht wiederholen. Wenn aber auch so die Ord-

Christian Gottfried Heinrich Geißler: Südliche Ansicht des Schlachtfeldes bey Leipzig im October 1813 oberhalb des Thonberges und der Tabacksmühle gezeichnet

nung in der Administration wieder zurückgekehrt scheint, so ist damit von den tausend Wunden, aus denen das arme, geschlagene Land so lange schon blutete, noch keine geheilt. Die französischen Besatzungen, welche sich noch in Torgau und Wittenberg halten, und die zahlreichen Belagerungskorps um diese Festungen fesselt viel mehr den Krieg und sein schreckliches Gefolge noch immer in Sachsen, und überall herrscht Not und Elend.

Gebe Gott, daß nach allen den blutigen Opfern, die schon gefallen sind, daß nach dem unsäglichen Jammer, der ringsum alles darniederbeugt, endlich die Völker zum großen, schönen Ziele durchdringen! Wenn aber die Herrschsucht der Mächtigen, wenn der Eigensinn und die Engherzigkeit der Politik die zerbrochenen Ketten nur neu wieder umschmieden wollte, und das deutsche Volk erstände nicht wirklich wieder frei, da muß das Blut der Tausende, die im Tode dahinsanken, laut um Rache schreien, und von den Tagen vor Leipzig datiert sich ein Schuldbrief, wie er noch keine Zeit gedrückt hat.

Johann Christian Reil, Mediziner aus Halle/Saale

Der Medizintheoretiker Reil war 1813 auf dem Höhepunkt seiner wissenschaftlichen Karriere angelangt. Ausdruck dessen war nicht zuletzt die zuvor erfolgte Berufung als Dekan der Berliner Medizinischen Fakultät. Dennoch stellte er sich im Herbst 1813 als ärztlicher Leiter der linkselbischen Lazarette den Preußen und ihren Verbündeten Armeen zur Verfügung und bezahlte diesen Einsatz letztendlich mit seinem Leben.

Johann Christian Reil wurde am 20. Februar 1759 in Rhaude/Ostfriesland geboren. Aus einem evangelischen Pfarrhaus stammend, studierte er ab 1779 Medizin in Göttingen und Halle/Saale und promovierte 1782 dort. Danach ging er für ein Jahr an das Collegium Physico-Chirurgicum nach Berlin und praktizierte kurzzeitig als Arzt in der ostfriesischen Stadt Norden. 1787 kam er nach Halle zurück, wo er an der Schola clinica ein Extraordinariat und 1788 ein Ordinariat erhielt. Reil setzte sich entschieden für eine Verbesserung des öffentlichen Gesundheitswesens ein und forderte die unentgeltliche medizinische Versorgung der Armen. 1796 begründete er das „Archiv für Physiologie", die erste physiologische Zeitschrift der Welt.

Als Autor zahlreicher Bücher erwies er sich als Aufklärer mit ausgeprägtem sozialmedizinischem Anliegen. Vor allem seine hirnanatomischen Arbeiten waren fundamental für die weitere Entwicklung der Medizin. In Halle, wo er die überwiegende Zeit seines Lebens wirkte, gründete er öffentliche Badeanstalten und war Mitbegründer des Hallischen Theaters. 1810 war er zudem an der Gründung der Berliner Universität beteiligt und wurde dort 1811 nach Christoph Wilhelm Hufeland (1762–1836) der zweite Dekan in der Geschichte der Berliner Medizinischen Fakultät.

In seiner Funktion als ärztlicher Leiter der linkselbischen Lazarette der vereinigten Armeen wurde er vom preußischen Staatsmann Karl Freiherr vom und zum Stein (1757–1831) beauftragt, einen Bericht über den Befund der Lazarette einzureichen. Stein war damals Leiter eines alliierten Verwaltungsrates der verbündeten Mächte, der die Kriegsverwaltung der befreiten Teile Deutschlands und der eroberten Gebiete Frankreichs zu verwalten hatte. Reils Schilderung der Situation der Verwundeten in Leipzig an ihn ist ein erschütterndes Zeitzeugnis und wurde veröffentlicht in Georg Heinrich Pertz, „Das Leben des Ministers Freiherrn vom Stein", Band 3, Berlin 1851.

Am 22. November 1813 starb Reil an einer sich in Ausübung seines Dienstes zugezogenen Typhusinfektion in Halle/Saale.

Johann Christian Reil

„DAS PANORAMA WÜRDE SELBST DER KRÄFTIGSTE MENSCH NICHT ANZUSCHAUEN VERMÖGEN"

An Karl Freiherr vom und zum Stein

Ew. Exzellenz haben mich beauftragt, Ihnen meinen Bericht über den Befund der Lazarette der verbündeten Armeen am diesseitigen Elbufer einzureichen. Ich tue dies umso williger, als in dieser tatenreichen Zeit auch die Untaten nicht für die Geschichte verlorengehen dürfen. Ich kam am 25. Oktober früh in Halle an, fand diesen von allen Seiten gepreßten Ort mit mehr als 7000 Kranken überladen, und noch strömten immer neue vom Schlachtfelde bei Leipzig ein. ... Ich ordnete dieserwegen für die Verwundeten an, was in diesem Augenblick das dringendste war, fand jeden Einwohner bereit, meine Vorschläge zur Hülfe der Unglücklichen ins Werk zu richten, und eilte dann Leipzig zu, um dessen Lazaretten, die wie ein Vulkan ihre Kranken nach allen Richtungen ausspien und alle guten Anordnungen in ihren Umgebungen wieder vernichteten, eine zweckmäßige Ableitung zu verschaffen. Auf dem Wege dahin begegnete mir ein ununterbrochener Zug von Verwundeten, die wie die Kälber auf Schubkarren ohne Strohpolster zusammengeklumpt lagen und einzeln ihre zerschossenen Glieder, die nicht Raum genug auf diesem engen Fuhrwerk hatten, neben sich herschleppten. Noch an diesem Tage nach der ewig denkwürdigen Völkerschlacht, wurden Menschen vom Schlachtfelde eingebracht, deren unverwüstliches Leben nicht durch Verwundungen noch durch Nachtfröste und Hunger zerstörbar gewesen war.

In Leipzig fand ich ohngefähr 20 000 verwundete und kranke Krieger von allen Nationen. Die zügelloseste Phantasie ist nicht imstande, sich ein Bild des Jammers in so grellen Farben auszumalen, als ich es hier in der Wirklichkeit vor mir fand. Das Panorama würde selbst der kräftigste Mensch nicht anzuschauen vermögen; daher gebe ich ihnen nur einzelne Züge dieses schauderhaften Gemäldes, von welchem ich selbst Augenzeuge war und die ich daher verbürgen kann. Man hat unsere Verwundeten an Orte niedergelegt, die ich der Kaufmännin nicht für ihren kranken Möppel anbieten möchte. Sie liegen entweder in dumpfen Spelunken, in welchen selbst das Amphibienleben nicht Sauerstoffgas genug finden würde, oder in scheibenleeren Schulen und wölbischen Kirchen, in welchen die Kälte der Atmosphäre in dem Maße wächst, als ihre Verderbnis abnimmt, bis endlich einzelne Franzosen noch ganz ins Freie hinausgeschoben sind, wo der Himmel das Dach macht und Heulen und Zähneklappern herrscht. An dem einen Pol der Reihe tötet die Stickluft, an dem andern reibt der Frost die Kranken auf. Bei dem Mangel öffentlicher Gebäude hat man dennoch auch nicht ein einziges Bürgerhaus den gemeinen Soldaten zum Spitale eingeräumt. An jenen Orten liegen sie geschichtet wie die Heringe in ihren Tonnen, alle noch in den blutigen Gewändern, in welchen sie aus der heißen Schlacht hereingetragen sind. Unter 20 000 Verwundeten hat auch nicht ein einziger ein Hemde, Bettuch, Decke, Strohsack oder Bettstelle erhalten. Nicht allen, aber doch einzelnen hätte man geben können. Keiner Nation ist ein Vorzug eingeräumt, alle sind gleich elend beraten, und dies ist das einzige, worüber die Soldaten sich nicht zu beklagen haben. Sie haben nicht einmal Lagerstroh, sondern die Stuben sind mit Heckerling aus den Bivouacs ausgestreut, das nur für den Schein gelten kann. Alle Kranken mit zerbrochenen Armen oder Beinen, und deren sind viele, denen man auf der nackten Erde keine Lage hat geben können, sind für die verbündeten Armeen verloren. Ein Teil derselben ist schon tot, der andere wird noch sterben. Ihre Glieder sind wie nach Vergiftungen furchtbar aufgelaufen, brandig und liegen in allen Richtungen neben den Rümpfen.

Daher der Kinnbackenkrampf in allen Ecken und Winkeln, der um so mehr wuchert, als Hunger und Kälte seiner Hauptursache zu Hülfe kommen.

Unvergeßlich bleibt mir eine Szene in der Bürgerschule. Ist es Ihr Geist, so rief mir eine Stimme entgegen, als ich die Tür eines Zimmers öffnete, oder sind Sie es selbst, den mir der Himmel zur Rettung zusendet? Und doppelte Tränengüsse, von Schmerz und Freuden gefordert, rollten über das krampfhafte Gesicht herab. Es war ein Kaufmannssohn aus Preußen, der in der Schlacht bei Groß-Beeren verwundet, von mir im Spital des Frauenvereins geheilt und hier wieder im Schenkel verwundet war. Aber deine Hoffnung, armer Jüngling, ist eine leere Fulguration; du hast einen Strohhalm in den wilden Brandungen der Zeit gehascht, der dich gegen die Wellenschläge des Todes nicht schützen wird. Das Mark deiner Knochen ist abgestorben, deine Wunden atmen nicht mehr, und der Todesengel flattert schon um deine Schläfe herum, der dich in wenigen Stunden in eine bessere Welt hinüberführen wird.

Viele sind noch gar nicht, andere werden nicht alle Tage verbunden. Die Binden sind zum Teil von grauer Leinwand, aus Dürrenberger Salzsäcken geschnitten, die die Haut mitnehmen, wo sie noch ganz ist. In einer Stube stand ein Korb mit rohen Dachschindeln zum Schienen der zerbrochenen Glieder. Viele Amputationen sind versäumt, andere werden von unberufenen Menschen gemacht, die kaum das Barbiermesser führen können und die Gelegenheit nützen, ihre ersten Ausflüge an den verwundeten Gliedern unserer Krieger zu versuchen. Einer Amputation sah ich mit zu, die mit stumpfen Messern gemacht wurde. Die braunrote Farbe der durchsägten Muskeln, die fast schon zu atmen aufgehört hatten, des Operierten nachmalige Lage und Pflege gaben mir wenig Hoffnung zu seiner Erhaltung. Doch hat er den Vorteil davon, daß er auf einem kürzeren Wege zu seinem Ziele kömmt.

An Wärtern fehlt es ganz. Verwundete, die nicht aufstehen können, müssen Kot und Urin unter sich gehen lassen und faulen in ihrem eigenen Unrat an. Für die gangbaren sind zwar offene Bütten ausgesetzt, die aber nach allen Seiten überströmen, weil sie nicht ausgetragen werden. In der Petrikirche stand eine solche Bütte neben einer andern, ihr gleichen, die eben mit der Mittagssuppe hereingebracht war. Diese Nachbarschaft der Speisen und der Ausleerungen – muß notwendig einen Ekel erregen, den nur der grimmigste Hunger zu überwinden imstande ist.

Das scheußlichste in dieser Art gab das Gewandhaus. Der Perron war mit einer Reihe solcher überströmenden Bütten besetzt, deren träger Inhalt sich langsam über die Treppen herabwälzte. Es war mir unmöglich, durch die Dünste dieser Kaskade zu dringen, die der Avernus nicht giftiger aushauchen kann, und den Eingang des Spitals von der Straße her zu forcieren. Ich fand einen andern Weg zu demselben auf dem Hofe, kam in lange finstere Galerien, die mit mehr als 2 000 blessierten Franzosen garniert waren, welche durch

Ernst Wilhelm Straßberger: Französische Lazarettbaracke in der Nähe des Thonberges, 1813

ihr Geächze und ihre Ausflüsse die Luft für Ohr und Nase gleich unerträglich machten. Unter dieser Masse traf ich ohngefähr 20 Preußen vergraben, die für Freude außer sich waren, als sie wieder die Stimme eines Deutschen hörten, die sie nach der Schlacht nicht gehört hatten. Erlösen Sie uns aus diesem Pfuhl des Verderbens, riefen sie mir aus einem Munde entgegen, wo die physischen und psychischen Eindrücke uns in kurzem töten müssen!

Ich versprach ihnen, daß ich sie noch den nämlichen Abend unter ihre Kameraden bringen würde.

In der Petrikirche sah ich der Verteilung des Mittagsbrots zu. Die Fleischportion wog 2 bis 4, das Brot für den Tag ohngefähr 8 bis 12 Lot. Die Suppe bestand aus Wasser, in welchem die Reiskörner gefischt werden mußten. Bier und Branntwein wurde hier gar nicht gegeben. An anderen Orten hatte er nur den Geruch des Fusels, enthielt kaum 10% Alkohol, der nicht einmal durch die Epidermis eines Kosakenmagens dringen kann. Bei dieser Maßdiät, die kaum einen Südländer auf den Beinen halten kann, gehen unsere nordischen Völker in kurzer Zeit verloren, verfallen in Nervenschwäche und schwinden wie die Schatten dahin. Die Diät richtet sich nach dem Mann. Der Russe speist seinen Cozuß mit Behaglichkeit; der Magen des Pommeraners findet an einem halben Dutzend Gerstenklöße seine gemessene Arbeit, wenn das Korinthenmännchen sich denselben an einem Zuckerbrote verdirbt, das er aus den Händen seiner Lais nippt.

Ich schließe meinen Bericht mit dem gräßlichsten Schauspiel, das mir kalt durch die Glieder fuhr und meine ganze Fassung lähmte. Nämlich auf dem offenen Hofe der Bürgerschule fand ich einen Berg, der aus Kehricht und Leichen meiner Landsleute bestand, die nackend lagen und von Hunden und Raben angefressen wurden, als wenn sie Missetäter und Mordbrenner gewesen wären. So entheiliget man die Überreste der Helden, die dem Vaterlande gefallen sind! Ob Schlaffheit, Indolenz oder böser Wille die Ursache des schauderhaften Loses ist, das meine Landsleute hier trifft, die für ihren König, das Vaterland und die Ehre der deutschen Nation geblutet haben, mag ich nicht beurteilen. An andern Orten ist ihr Schicksal günstiger gewesen, wo jedermann sich an ihr Lager drängte, auf welches ihr Kampf für die Unabhängigkeit sie niederwarf, Balsam in ihre Wunden goß, ihre Schmerzen linderte und durch Mitgefühl ihren Mut stählte. Ich appelliere an Ew. Exzellenz Humanität, an Ihre Liebe zu meinem König und sein Volk, helfen Sie unseren Braven, helfen Sie bald, an jeder versäumten Minute klebt eine Blutschuld. Legen Sie ein Schock kranker Baskiren in die Betten der Banquiersfrauen und geben Sie in jedes Krankenzimmer einen Kosaken mit, der für Aufrechthaltung der Ordnung verantwortlich ist. Diese Maßregel, die gewiß Lust und Liebe zum Dinge macht, scheint mehr hart zu sein, als sie es wirklich ist. Der Kranke muß ins Bette und die Gesunden zu seiner Wartung vor demselben kommen. Wir bespötteln sonst in dem Tadel des Hottentotten, der sich ins Bette legt, wenn die Frau geboren hat, unsere eigene Inkonsequenz.

Johann Jakob Wagner, Zeichner und Kupferstecher
Ludwig Hußell, Autor
Johann Adam Bergk, Privatgelehrter und Philosoph

Unmittelbar nach der Völkerschlacht suchte der Zeichner und Kupferstecher Johann Jakob Wagner 15 der um Leipzig liegende Ortschaften auf, die unmittelbar von den Kampfhandlungen, Feldlagern und Durchmärschen der Völkerschlacht betroffen waren und fertigte Zeichnungen von den vorgefundenen Zerstörungen und Verheerungen an. Nach diesen Vorlagen stach er Ortsbilder, die in zwei Heften 1814 und 1815 unter dem Titel „Siegesplätze der Völkerschlacht oder Ansichten der Dörfer bei Leipzig merkwürdig geworden durch die Schlacht am 16ten bis 19ten Oktober 1813" in der Baumgärtnerischen Buchhandlung Leipzig erschienen und mit Beschreibungen von Ludwig Hußell (erster Teil) bzw. Johann Adam Bergk (zweiter Teil) versehen waren. Sie dokumentieren eindrucksvoll die Ereignisse und Verwüstungen, sind aber bereits deutlich von der Feindschaft gegenüber den Franzosen geprägt. Die beiden Hefte liegen heute in der Universitätsbibliothek Leipzig.

Johann Jakob Wagner wurde am 9. Juli 1766 in Leipzig geboren und starb hier am 10. September 1834. Im Kupferstich unterrichtet von Adam Friedrich Oeser und Johann Friedrich Bause stach er, meist nach fremden Vorlagen, Bildnisse, historische Dartellungen, Landschaften und Vignetten.

Christoph Heinrich Ludwig Hußell (auch Hussell) war Leipziger Bürger und Autor, der sich vor allem mit historischen Themen befasste. Er veröffentlichte u. a. „Die sächsischen Fürstenschulen, namentlich die in Grimma ..., Leipzig 1803"; „Leipzig während der Schreckenstage der Schlacht im Monat Oktober 1813 als Beytrag zur Chronik dieser Stadt, Leipzig 1814" und „Leipziger Geschichte seit dem Einmarsch der Verbündeten im April 1813 bis zur großen Völkerschlacht im Monat Oktober, Leipzig 1814".

Johann Adam Bergk wurde 1769 in Hainichen bei Zeitz geboren und starb am 27. Oktober 1834 in Leipzig. Er veröffentlichte vor allem populär-philosophische Schriften, auch anonym oder unter den Pseudonymen Hainichen und Jul. Frey. Wegen seiner franzosenkritischen Gesinnung kam er während der napoleonischen Herrschaft in Sachsen häufig in Konflikt mit der Zensur. So wurde auch die von ihm herausgegebene Zeitschrift „Der europäische Aufseher" verboten. Bergk erhielt nie eine Professur und war zeitlebens auf Einnahmen als Schriftsteller und Übersetzer angewiesen.

DIE SIEGESPLÄTZE DER VÖLKERSCHLACHT ODER ANSICHTEN DER DÖRFER BEI LEIPZIG MERKWÜRDIG GEWORDEN DURCH DIE SCHLACHT AM 16TEN BIS 19TEN OKTOBER 1813

Auszüge aus den Originalschriften

...Was Fleiß und Thätigkeit in den Dörfern nur immer zum Wiederaufbau derselben hat möglich machen können, ist geschehen. Aber man ist damit bis jetzt nach einem Jahre noch wenig vorgerückt. Die Unterstützungen, welche die Verunglückten erhalten haben, reichen, so bedeutend sie gewesen seyn mochten, bey weitem nicht hin, sie nur zum zwanzigsten Theil für das schadlos zu halten, was sie verloren haben. Dies fällt auch sehr deutlich in die Augen, wenn man die Gegend nur flüchtig übersieht. Ein Maurer in Schönefeld hatte 15 Rthl. erhalten, dessen Haus bis auf den Grund abgebrannt war, das er vor nicht langer Zeit neu erbaut hatte, und dessen Werth er auf 600 Rthl. angab. Die stärksten Landgüter haben höchstens 100 Rthl. nach der allgemeinen Versicherung erhalten. Wenn man bedenkt, daß ein solcher Besitzer in der Regel sein ganzes Vieh, seine Haus- und Ackergeräthschaften und seine ganzen Vorräthe an Heu und Getreide verloren hat, und daß er noch obendrein seine Wohn- und Wirtschaftsgebäude bey seiner Rückkehr in Asche verwandelt wieder fand, so läßt sich leicht schließen, wie weit eine solche Summe gereicht haben wird. Über die Vertheilung selbst werden von denen, die deren bedürftig waren, sehr bittere Klagen geführt. Die Oerter Schönefeld, Holzhausen und Probstheyde haben überdies auch ihre Kirchen eingebüßt, deren noch übrige Brandmauern einen besonders schauderhaften Anblick gewähren. Schönefeld zählt allein 42 Brandstellen, Paunsdorf nicht viel weniger, Liebertwolkwitz der Versicherung nach über 50, und Holzhausen 22 größtentheils starke Bauerngüter. Der sogenannte heitre Blick, Meisdorf und die Quandtsche Windmühle sind fast ganz verschwunden. Die noch vorhandenen Ruinen sind überall schon dergestalt mit Unkraut überwachsen, daß der Fremde auf eine vor hundert Jahren vorgegangene Verwüstung schließen sollte. Ein großer Theil der Felder hat aus Mangel an allem Nöthigen ungebaut liegen bleiben müssen. Da nach der Schlacht das entsetzliche Nervenfieber auch unter den Landbewohnern zu wüthen anfing, so findet man Güter, deren Besitzer mit ihrer Familie ganz ausgestorben sind....

Paunsdorf

Dieses Dorf liegt nordöstlich ungefähr anderthalb Stunden von Leipzig an der Straße nach Dresden. Als einer der vorzüglichsten Deckpunkte für den Französischen linken Flügel während der Schlacht bey Leipzig, wurde es mit der größten Anstrengung bis zum 18. Mittags vertheidigt. An diesem Tage bildete es mit Lösnig, Dehlis, Zuckelhausen, Wolkwitz, Holzhausen und Zweynaundorf die Kette, welche Napoleon stark besetzt hielt, um seine näher nach Leipzig zurückgezogene Armee zu decken, und eine freye Bewegung nach allen Seiten für sie zu behalten. Am 17. Abends war der General en Chef der polnischen Armee, Baron von Bennigsen, auf dem Schlachtfelde eingetroffen. Mit dem Frühesten beorderte er am 18. den Grafen Platow zwischen Engelsdorf und Althahn (der gemeine Mann spricht es Alten aus) vorzurücken, und Paunsdorf zu umgehen, so wie er den Feldmarschalllieutenant Grafen Bubna über Engelsdorf marschiren ließ, um das Dorf anzugreifen. Gegen 10 Uhr hatte der letzte Feldherr es erreicht, und sich links mit dem General Doktoroff, und rechts mit dem Grafen Platow in Verbindung gesetzt. Die Kanonade begann sogleich mit der größten Heftigkeit, und in Kurzem waren sieben französische Kanonen demontirt. Der General Zechmeister erhielt hierauf den Auftrag das Dorf zu stürmen, welches seine braven Jäger mit großer Unerschrockenheit thaten. Alles mußte ihrem Bajonet weichen, und der Feind wurde, ungeachtet seiner hartnäckigen Gegenwehr, herausgeworfen. Hinter dem Dorfe ließ dieser nun eine lange Reihe von Batterien auffahren, und es mit Haubitzgranaten beschießen. Dadurch gerieth es in Brand. Die Franzosen drangen, durch den Rauch begünstigt, wieder hinein, und bemächtigten sich eines Theils desselben. Ein Bataillon Jäger und ein Bataillon Peterwardeiner, welche von den Majors Sabrosky und Brankowich kommandirt wurden, erhielten vom Grafen Bubna schnell Ordre, den Feind neuerdings herauszuwerfen. Sie vollzogen diesen Befehl mit großer Bravour, und behaupteten es gegen jeden fernen Angriff, den der Feind mehrmals versuchte, um diesen wichtigen Punkt im Rücken seiner Aufstellung wieder zu gewinnen.

Vor dem Dorfe hielt eine zahlreiche Russische Kavallerie unter den Generalen Orourk, Manteufel, Pahlen, Benkendorf und Chostak. Hundert Stück Geschütz schleuderten mehrere Stunden lang den Tod in ihre Reihen, ohne daß sie wankte. Russische und Preußische Batterien beantworteten dieses mörderische Kanonenfeuer mit Ruhe und Besonnenheit, daß dem Feinde eine Menge Geschütz demontirt wurde. Erst Nachmittags erhielt sie Befehl, die feindlichen Infanterie-Kolonnen, welche von Sellerhausen wieder vordrangen, anzugreifen und zurückzutreiben. Diese warteten jedoch diesen Angriff nicht ab, sondern flohen eiligst in die rückwärts liegenden Dörfer.

Während sich der Feldmarschalllieutenant Graf v. Bubna mit Löwenmuth um den Besitz von Paunsdorf schlug, drängte die Schlesische Armee das siebente Französische Armeekorps, größtentheils Sachsen, von Neutsch herüber nach Paunsdorf. Dadurch wurde die rechte Flanke des Oesterreichischen Feldherrn bedroht. Er detaschirte sogleich den General Graf Neipperg mit einem Regiment Husaren und einem Jägerbataillon auf die bedrohte Stelle. Diese braven Truppen hielten eine geraume Zeit alle Angriffe einer vielfach überlegenen Masse mit einer Kaltblütigkeit aus, die den Feind in Erstaunen setzte. Nach ein Uhr Mittags traf endlich auch die Armee des Kronprinzen von Schweden auf dem Schlachtfelde bey Paunsdorf ein. Ihr Geschütz hatte wegen der schwierigen Wege noch nicht nachkommen können. Die Franzosen verstärkten ihre Waffen auf dieser Seite unaufhörlich, und die Lage der Verbündeten war auf einige Zeit ziemlich kritisch. Da ereignete sich eine von jenen Begebenheiten die alle menschliche Berechnungen vereitelt. Zwischen der

Paunsdorf.

Division Bubna und jener des General Doktoroff erschienen nämlich plötzlich sieben Bataillons Sächsische Infanterie mit zwei Regimentern Kavallerie und drei Batterien Geschütz von 26 Kanonen, welche zu den Alliirten übergingen. Ihnen folgte bald darauf eine Würtembergische Kavalleriebrigade unter dem General Normann. Das Sächsische Geschütz wurde sogleich gegen den Feind gerichtet, und das Schwedische erhielt dadurch Zeit nachzurücken. Dieser Übergang geschahe zwischen Paunsdorf und Sellerhausen. Stünz, Mölkau, Schönfeld und Sellerhausen wurden nun rasch weggenommen, und da der Feind, der hier vom Marschall Ney angeführt wurde, alle seine Stützpunkte für seine Front und linke Flanke verloren hatte, so drängte er sich in seine letzte Aufstellung unmittelbar vor Leipzig zusammen.

Die hier gegebene Ansicht stellt das Dorf von der nordöstlichen Seite dar, wo es am heftigsten beschossen wurde. Die Trümmer der Gebäude, die man hier erblickt, lassen auf den Verlust schließen, den die Einwohner, die noch obendrein rein ausgeplündert worden sind, erlitten haben.

Liebertwolkwitz

ist ein Marktflecken, der von Leipzig aus östlich ungefähr zwei Stunden von dieser Stadt entfernt ist. Er gehört unter die Ortschaften, welche durch die große Schlacht bey Leipzig am meisten gelitten haben, indem er und das Dorf Holzhausen gewissermaßen der Schlüssel zu der feindlichen Hauptaufstellung bey Probstheyde und Wachau war, und schon am 14. Okt. von dem Oesterreichischen General der Kavallerie, Grafen Klenau, angegriffen wurde, als dieser in Verbindung mit dem General en Chef Grafen Wittgenstein und dem Generallieutenant v. Kleist eine große Rekognoscirung gegen Gossa und diesen Flecken vornahm. Er wurde lange und hartnäckig vertheidigt, und kostete beyden Theilen sehr viel Blut. Von hier aus stand das Corps des Marschall Viktor mit dem Augerauschen und dem des Fürsten Poniatowsky in Verbindung.

Am 15., wo eine Art Waffenruhe herrschte, bivuakirten die Oesterreicher vor demselben. Schon an diesem Tage flüchteten die Einwohner zum Theil, und die Häuser wurden von den Franzosen ruinirt und ausgeplündert. Am 16. wurde hier den ganzen Tag am wüthendsten gekämpft. Die Gegend zwischen hier und Wachau, welche die Franzosen besetzt hielten, ist erhaben, und dominirt die vorliegenden Ebenen. Der Graf Klenau drang früh um 8 Uhr mit der Preußischen Brigade Ziethen von Großpösa und Fuchshayn gegen den

Ort vor. Dieser, und der Fürst Gortschakoff, welcher die Preußische Brigade Pirch kommandirte, griffen ihn mehrmals mit großer Unerschrockenheit an. Der Feind hatte ungeheure Infanteriemassen hineingeworfen. Zwischen Libertwolkwitz und Fuchshayn dehnt sich an der Straße von Leipzig nach Grimma rechts hin ein sandiger Hügelrücken, der von den Franzosen stark mit Geschütz besetzt war. Dieser mußte zuerst erstürmt werden, wenn man ins Dorf wollte. Es geschahe mit unglaublicher Bravour. Besonders zeichnete sich das Regiment Herzog Karl dabey aus, welches fast die Hälfte der Leute verlor, und wirklich ins Dorf eindrang. Es konnte sich nicht halten, da der Feind mit einer starken Kolonne von Holzhausen her die rechte Flanke des Grafen Klenau zu umgehen drohte. Da dieser Feldherr es den ganzen Tag mit dem Armeekorps des Marschall Viktor und Macdodald zu thun hatte, der in seiner rechten Flanke manövrirte, so mußte er sich blos darauf beschränken, sich in seiner Stellung zwischen Fuchshayn, Großpösa, und dem sogenannten Universitätsholze zu erhalten, aus welcher man ihn vergebens zu verdrängen suchte. So hielten die Franzosen Liebertwolkwitz den 17. besetzt.

Als die Polnische Armee an diesem Tage auf dem Schlachtfelde von Grimma her eingetroffen war, so war es den Alliirten nun möglich den linken Flügel zu umgehen. Der Attamann Platow war auch bereits mit einigen 1 000 Kosaken nach Engelsdorf, links von Libertwolkwitz marschirt, um die Verbindungen zwischen der Polnischen Armee unter dem Kommando des Baron Bennigsen, und der Nordarmee unter dem Oberbefehl des Kronprinzen von Schweden zu bewirken. Die Franzosen hatten dies kaum erfahren, als sie den Sturm, der am 18. früh beschlossen war, mit großen Massen nicht mehr abzuwarten für gut fanden, sondern ihren ganzen linken Flügel auf Probstheyde und Stötteritz zurücknahmen. Nur eine starke Arriergarde blieb noch zur Vertheidigung von Libertwolkwitz zurück. Die Strecke zwischen diesem Orte und Probstheyde wurde von beträchtlichen Kavallerielinien besetzt.

Der Graf Klenau wurde von den Baron Bennigsen beauftragt den ersten Ort zu nehmen. Dieses geschah, da zu gleicher Zeit auch Holzhausen durch den Oesterreichischen General de Best gestürmt wurde, und die Besatzung von Wolkwitz nun durch die Vorrückung der Oesterreichischen Kolonne auf Zuckelhausen in Gefahr kam ganz abgeschnitten zu werden, ohne daß die Franzosen großen Widerstand leisteten. Sie zogen sich in ihre letzte Position von Probstheyde und Stötteritz zurück. Da der Ort am 14., 16. und 18. von mehreren Seiten mit einer großen Menge Geschütz beschossen worden, und mehrmals Mann gegen Mann darinne kämpfte, so ist der Schade an den zer-

Lieber-Wolkwitz.

störten Häusern unermeßlich. Die Franzosen hatten es, als sie es verließen, längst rein ausgeplündert, so daß die Verbündeten keinen Bissen Brod, und kaum ein Obdach fanden. Ein großer Theil der Einwohner ist dadurch gänzlich verarmt, und dürfte sich schwerlich je wieder erholen, ob man gleich überall beschäftigt ist die zertrümmerten Wohnungen wieder aufzubauen.

Die hier beygefügte Kupfertafel zeigt das Innere von Liebertwolkwitz, und besonders die Gebäude um den Marktplatz. Der Besitzer des Städtchens ist der Graf von Schönfeld, dem auch Störmthal angehört, welches ebenfalls rein ausgeplündert, und von den Franzosen zwar nicht angezündet, aber wie alle Dörfer auf dem Schlachtfelde aufs schrecklichste verwüstet worden ist.

Wachau

Dieses merkwürdige Dorf liegt ungefähr eine teutsche Meile südöstlich von Leipzig. Es gehört nebst Probstheyde zu den wichtigsten Punkten des Schlachtfeldes, weil hier das Schicksal des großen Kampfes eigentlich entschieden wurde. Bey Wachau schien übrigens das Glück Napoleon zum letzten Male lächeln zu wollen. Von hier aus drängte er mit seinen dichten und weit überlegenen Massen den Fürsten von Schwarzenberg am 16. bis Nachmittags um vier Uhr fast an Cröbern zurück, wo aber die Oesterreichische Reserve-Armee angekommen war, und mit drey Regimentern Oesterreichischer Cuirassiere dem Vorrücken der Franzosen zuerst einen Damm entgegenstellte. Von Wachau aus war es, wo die Nachricht eines vollkommenen Sieges nach Leipzig erscholl. Dieses Dorf und seine Umgebungen wurden am meisten von dem Blute der Kämpfenden getränkt. Auf den Höhen dieses Ortes, von welchen herab Napoleon die sanften Abdachungen nach Markkleeberg hin beherrschte, waren seine Waffen am schwersten zu vertreiben.

Schon am 11. Okt. traf der König von Neapel hier ein, und hatte einige Tage sein Hauptquartier daselbst. In der umliegenden Gegend hatten sich die Armeekorps von Viktor, Lauriston, Poniatowsky und in der Folge des Marschalls Augerau gelagert. Das Dorf wurde am 16. auf zwey Seiten von dem Prinzen Eugen von Würtemberg und dem General Kleist von Markkleeberg her angegriffen. Die französischen Hauptmassen hatten sich hinter dem Dorfe aufgestellt. Sie drangen mit Gewalt durch dasselbe vor, und warfen die Verbündeten zurück. Bis gegen elf Uhr Vormittags hatten diese es viermal genommen und wieder verloren. Um diese Zeit wichen sie zurück. Nach zwölf Uhr formirte Napoleon zwey große Kolonnen, die aus dem Dorfe, rechts nach der Schäferey Auenhain, und links nach Güldengossa vorgehen, und das Centrum des verbündeten Heeres von seinen beyden Flügeln abschneiden sollte. Ihnen gingen 150 Kanonen voraus, welche der General Drouot kommandirte. Die Zwischenräume der Kolonnen waren von ungeheuren Reitermassen ausgefüllt. Zwey Divisionen von der jungen Garde und des Armeekorps des Marschall Viktor bildeten dieses Heer. Die Verbündeten mußten dem mächtigen Andrange weichen, so heldenmüthig sie fochten. Bey Auenhain warfen sich die Russen der ersten Kolonne entgegen, wurden aber nach einem tapfern Widerstande zurückgetrieben. Um zwey Uhr Nachmittags, als die Franzosen schon auf Cröbern losgingen, debouchirten nach und nach zwey Oesterreichische Cuirassierregimenter, Albert und Lothringen, unter dem Grafen Nostitz, aus demselben, formirten sich fielen den Feind mit unglaublicher Unerschrockenheit in der Front und in der Flanke an, und hemmten plötzlich sein weiteres Vordringen. Die zweyte Kolonne, welche auf Güldengosse vorgedrungen war, stieß in diesem Dorfe auf den Preußischen General Pirch, dem der Russische Jermoloff sogleich zu Hülfe eilte. Es begann hier ein Kampf auf Leben und Tod. Die Russen und Preußen fochten wie Löwen, und waren lange nicht zum Weichen zu bringen. Eine Batterie der Verbündeten schleuderte Tod und Verheerung in die Französischen Massen. Der König von Neapel, der diese befehligte, ließ nun den Kern der Cuirassiere, durch Infanterie und Geschütz unterstützt, vorrücken, und die feindlichen Kanonen nehmen. Im Nu wurden deren 24 erobert, weil die Russen und Preußen der Uebermacht weichen mußten. Da eilten wie auf Flügeln die braven Russischen Gardekosaken herbey, die der General Orlow Denisow anführte, stürzten sich auf die Cuirassiere, durchbrachen und zerstreuten sie. Die Kanonen wurden bis auf zwey Stück wieder erobert.

Da die Franzosen, ungeachtet aller Anstrengungen, von Güldengosse zurückgeworfen waren, so zug sich sowohl die hier vorgedrungene Kolonne, als auch die nach Auenhain gegangen war, bis an die Anhöhen von Wachau zurück. Die Französische Armee hatte auf diese Art die Stellung wieder, die sie am Morgen gehabt hatte. Am 17. fand bekanntlich in den beyden gegenüberstehenden Heeren eine Art von Waffenruhe Statt. Am 18. Ganz frühe hatte Napoleon seine großen Infanteriemassen hinter dem Dorfe Probstheyde zu aufgestellt. Die vor demselben aufmarschirte Kavallerie wurde von den Verbündeten angegriffen und geworfen. Wachau selbst wurde von Infanterie vertheidigt. Gegen zwölf Uhr Mittags ward es von den Alliirten behauptet. Hinter Wachau hat die Reiterei die wüthendsten Gefechte gehabt. Seit der angegebenen Zeit griffen es die Franzosen nicht mehr an.

Dieses Dorf hat weniger durch Brand als durch Plünderung gelitten. Am 11. hatte der König von Neapel hier sein Hauptquartier, auch soll, nach dem Europäischen Zuschauer, den wir hier vorzüglich benutzt haben, der Plan zur Schlacht hier entworfen worden seyn. Nach der Schlacht fand man alle Häuser ohne Thorwege, Thüren, Laden und Hausgeräthe. Die Garden waren unter allen Französischen Plünderern die schlimmsten. Die Einwohner flüchteten sich größtentheils schon am 14., weil schon an diesem Tage in der Nähe hitzige Gefechte vorfielen. Der König von Neapel konnte an demselben leicht von einer Kanonenkugel erschossen werden. Er bestieg nämlich mit mehreren Offizieren eine hohe Linde in herrschaftlichen Garten die mit einer Gallerie versehen ist, zu welcher eine Treppe führt, um die Russische und Preußische Reiterey zu rekognosziren. Der Feind, der die Menschen auf der Gallerie bemerkt haben mochte, sandte eine Kanonenkugel dahin, die aber nur einen Ast wegschleuderte. Der König stürzte sich mit seinem Gefolge über Hals und Kopf die Treppe herunter.

Die große, mit einer Aussichtsplattform
versehene Linde im Rittergutspark Wachau, 1813

Die Eroberung Wachaus als des Hauptschlüssels der Französischen Stellung am 16. hat beyden Theilen viel Blut gekostet. Seine örtliche Lage eignete es vorzüglich zum Mittelpunkt einer großen Schlacht. An das Dorf stoßen südlich und westlich dichte Gehölze, und die Höhen beherrschen die vorliegende Gegend auf eine weite Strecke.

Schönefeld

Liegt in der Entfernung einer kleinen Stunde auf dem Wege nach Taucha und Eilenburg nordwestlich von Leipzig. Dieses Dorf, dessen Besitzer ein reicher Kaufmann aus der Stadt ist, ist ohne Zweifel das am meisten verwüstete auf dem Schlachtfelde. Es ist auf den beyden Kupfertafeln von einer doppelten Seite dargestellt. Die eine zeigt es von der südlichen, wo es am wenigsten gelitten hat, die andre von der nordöstlichen, wo die mehrsten Häuser bis auf den Grund zerstört sind. Die prächtigen herrschaftlichen Gebäude waren nach der Schlacht so gut als gar nicht mehr vorhanden, wenigstens dürfte es schwer gewesen seyn, noch ein einziges bewohnbares Gemach darinnen zu finden. Dieses Denkmal hat sich der Marschall Rey gestiftet, der es am 13. gegen Abend in Brand stecken ließ, nachdem er einige Zeit zuvor noch auf dem Kirchthurm gewesen war und von da aus die feindlichen Stellungen übersehen hatte. Hätte er das Anzünden den wenigen noch zurückgebliebenen Bewohnern eine Stunde zuvor bekannt machen lassen, so hätte noch manches gerettet werden können, aber selbst diese traurige Großmuth wurde ihnen nicht zu Theil, sie erfuhren es nicht eher bis die Flamme über ihren Häuptern zusammenschlug.

Viele Tage vor der Schlacht war das Dorf von Französischen Bivuaks umgeben, die barbarisch darinne hausten. Die reichen Vorräthe, welche in mehreren großen Bauergütern, die Leipziger Kaufleuten gehören, gingen gänzlich verloren. Ein großer Theil der Einwohner Schönefelds besteht übrigens aus Arbeitsleuten, die ihren Erwerb in der Stadt suchen. Diese flüchteten sich, da sie sich schon am 14. vor Plünderung nicht mehr retten konnten, mit ihren Effekten, so viel sie davon bringen konnten, bereits an diesem Tage nach Leipzig. Am längsten verweilte sich der Gärtner des Plossischen Gartengrundstücks im Dorfe. Er verließ es erst am 18. Abends, da es in Flammen stand, und kann über die Vorfälle die ausführlichste Auskunft geben. Der Anblick der Kirche und ihrer Umgebungen ist schauderhaft. Man sieht nichts mehr von ihr als die vier massiven Mauern, deren Inneres mit Schutt angefüllt ist. Der Thurm ist zusammengestürzt, und von Kanzel, Altar, Sakristen, Emporkirchen ist keine Spur übrig geblieben. Man hatte die besten Effekten aus dem Dorfe in die Sakristen geschafft, weil man sie hier gegen Feuersgefahr gesichert glaubte, sie sind aber sämmtlich ein Raub der Flamme geworden. Der Prediger des Orts verlor dabey alles. Noch jetzt sieht man die Spuren, wie furchtbar die Flamme hier muß gewüthet haben. Die herrschaftlichen Wohn- und Wirtschaftsgebäude waren nur noch eine traurige Ruine. Die Gewalt der Flamme ist hier so groß gewesen, daß man nach dem Brande ganze Felder der massiven Wände eine Strecke weit hingeschleudert fand, an denen die Steine noch eben so fest zusammengefügt waren, als ob sie noch an dem Platze ständen, wo sie hingehört hatten.

Schönefeld war während der Schlacht besonders am 18. Okt. für die Franzosen darum von der größten Wichtigkeit, weil es für den linken Flügel ihrer Hauptarmee der stärkste Stützpunkt war. Nach Norden zu senkt sich nämlich, wie man auf der einen Kupfertafel sieht, der Boden sehr beträchtlich. Hier fließt die Partha neben und durch das Dorf, und treibt die Mühle, die auf dem Kupfer abgebildet, und völlig zerstört ist. Längs dem Flusse ziehen sich nach

Schönfeld. N.° 1.

der Stadt zu Gesträuche und Weidenkoppeln. Die Brücke, welche bey der Mühle auf das rechte Ufer führt, von welcher die Preußen und Russen von Wiederitzsch her in die linke Französische Flanke zu kommen versuchten, war von den Franzosen zerstört. Noch am Nachmittage des 18. schickte Napoleon, der die Wichtigkeit dieses Postens kannte, zwey Divisionen junger Garde von Stötteritz her, wo er sie selbst nöthig genug brauchte, herüber, da er vernahm, daß der Feind dieses Dorf von zwey Seiten her hart ängstigte. Die Schweden griffen es nämlich von Paunsdorf her von der Ostseite, die Russen und Preußen von der südlichen von der Partha herauf an. Um diese Zeit ließ es der Marschall Marmont durch Granatkugeln in Brand stecken.

Ungeachtet das Schwedische Geschütz und die Englische Brandraketen-Batterie mit unglaublichem Erfolg wirkte, so war es doch lange nicht möglich in das Dorf einzudringen. Längs der Partha wurde in der Vertiefung hitzig tiraillirt. Die Russen und Preußen fanden nirgends einen Uebergang. Endlich gelang es ihnen einige Baumstämme über das schmale Wasser zu werfen, die aber das jenseitige Ufer nicht erreichten. Auf diesen kletterten nach und nach einige tausend Russische und Pommersche Jäger hinüber, die sich sogleich mit dem Bajonet auf die Franzosen stürzten. Ungeachtet diese sich mit Verzweiflung hinter jeder Mauer vertheidigten, so bemächtigten sich die Verbündeten dennoch durch ihren Löwenmuth bald eines Theils des Dorfs. Dadurch wurde nun auch das Vordringen der Schweden möglich. Mit Einbruch des Abends war der Ort genommen. Das Französische Geschütz wurde in vielen Batterien zwischen ihm und den Kohlgärten auf einem ziemlich beschränkten Raume aufgefahren. Des Nachts warfen die Franzosen noch mehrmals Granaten hinein, die Verbündeten behaupteten ihn aber standhaft und bivuakirten darinne.

Auf Befehl des in Leipzig befindlichen Königs von Sachsen waren einsichtsvolle Offiziere auf dem dortigen Schloßthurme beordert den Gang der Schlacht zu beobachten. Da diese sahen, daß Schönefeld für die Franzosen verloren, war ihnen dieses ein sicheres Kennzeichen, daß nun die Schlacht von den Verbündeten vollständig gewonnen, und der Sturm auf Leipzig für den folgenden Tag unvermeidlich sey. Sie äußerten dieses schon jetzt unverhohlen in ihren Rapports. Von dem Augenblick an, da die Aliirten nämlich Meister von Schönefeld waren, kam die ganze Französische Armee in Gefahr von ihrem linken Flügel her aufgerollt zu werden. Sie mußte sich dieser entweder aussetzen und ihre völlige Vernichtung erwarten, oder schleunigst ihren Rückzug antreten. Sie wählte bekanntlich das letztere, und litt auch da noch eine schreckliche Niederlage. Der Fürst von Schwarzenberg, welcher Probstheyde, als den Schlüssel für das Französische Centrum, denselben Nachmittag mehrmals stürmen, und zuletzt mit 150 Kanonen hatte beschießen lassen, gab etwa um dieselbe Zeit, da Schönefeld war erobert worden, Befehl, jenes Dorf nicht weiter anzugreifen, und keinen Mann mehr aufzuopfern, da die Schlacht komplett gewonnen sey, und der Feind den Ort in der Nacht von selbst würde räumen müssen. Sicher hat die Nachricht, daß der Feind auf seiner linken Flanke seinen Hauptanlehnungspunkt verloren habe, auf diesen Entschluß des obersten Feldherrn einen großen Einfluß gehabt. Die Französische Armee war nun von allen Seiten unter die Mauern der Stadt zusammengedrängt, da sie in der Nacht wirklich die noch besetzten Ortschaften räumte. Ihre noch vorgeschobenen Corps wurden nach einer kurzen Gegenwehr am folgenden Morgen zurückgeworfen, und die Sturmkolonnen, über die von dieser Seite der Kronprinz von Schweden das Hauptkommando führte, in verschiedenen Richtungen auf das Gerber-, Kohlgärtner-, Hospitalthor und nach dem Großbosenschen Garten beordert.

Schönfeld. N°. 2.

Die Zahl der in und um Schönefeld Gebliebenen war ungeheuer. In dem Plosseschen Garten fand man in einem kleinen Bezirk allein 36 Todte eingescharrt. Das Dorf war fast durchgehends nur eine einzige Brandstelle, und fast kein Haus mehr bewohnbar. Die Einwohner, deren es sehr viele zählt, wovon ein beträchtlicher Theil arm ist, und seinen Unterhalt durch Arbeit oder Handel in der Stadt erwirbt, waren unter denen des Schlachtfeldes vorzüglich schlimm dran.

Sellerhausen

Liegt dicht an der Chaussee, welche nach Dresden führt, hinter den sogenannten Kohlgärten, östlich drey viertel Stunden von Leipzig. Da die Französische Armee und besonders die Garden und das Armeekorps des Marschall Marmont in der Nähe schon vor der Schlacht ihre Bivuaks hier gehabt hatten, so war den Einwohnern, die sich größtentheils von dem Anbau von Küchengewächsen nähren, alles, was sie nicht in die Stadt hatten bringen können, genommen.

In Rücksicht der Schlacht selbst wurde es erst am 18. merkwürdig. An den vorhergehenden Tagen hatten die Reserven hier gestanden, welche den Massen, von denen die Partha bis nach Taucha hin vertheidigt werden sollte, zur Unterstützung dienten. Um einen richtigen Begriff von den Gefechten, mit denen sich die Schlacht von Leipzig gewissermaßen endigte, und die hier vorfielen, zu haben, ist es nöthig, etwas von den Bewegungen der beyderseitigen Armeen in diesen Gegenden im Allgemeinen zu sagen.

Das Heer des Kronprinzen von Schweden war von Breitenfeld auf Taucha marschirt, um dort die Partha zu passiren, und seine Vereinigung mit der Armee des General Bennigsen, deren rechter Flügel sich von Holzhausen herüber nach Paunsdorf gezogen hatte, zu bewerkstelligen. Dem General Pahlen gelang es Taucha zu nehmen. Der Graf Woronzoff ließ seine Truppen hierauf den Parthafluß bey Grasdorf durchwaten. Die Schweden gingen zwischen diesem Orte und Plaußig über. Feldmarschall Blücher lies das Langeronsche Corps bey Mockau übersetzen und gegen Leipzig vorrücken.

Durch diese tief durchdachten und richtig kombinirten Bewegungen, wurde die feindliche Aufstellung längs der Partha äußerst mißlich, welches der Marschall Ney, der hier den Oberbefehl führte, sehr bald einsahe. Er veränderte dies daher schnell, und nahm den ganzen linken Französischen Flügel, der aus drey Armeekorps bestand, zurück. Er stellte sich fast in gerader Linie von Schönefeld nach Sellerhausen und Stünz hin auf. Das siebente Corps, größtentheils Sachsen, stand bey Paunsdorf im zweiten Treffen, und ging in der Folge über, als eben die Russische Kavallerie gegen sie anrückte. Der Graf Langeron war von Mockau gegen Schönefeld vorgedrungen, und hatte es in Verbindung mit der Reiterei der Nordarmee durch Infanterie stürmen lassen, worauf es Marmont in Brand stecken ließ. Da dieser Feldherr die Gefahr sah, in welche er durch seine Gegner gekommen war, ließ er alle Massen, die er in den Kohlgärten und Sellerhausen konzentrirt hatte, vorrücken.

Die Russische Kavallerie erhielt sogleich vom Kronprinzen von Schweden Befehl auf sie einzuhauen. Sie wurden in die Dörfer zurückgeworfen, und vertheidigten diese nun aufs hartnäckigste. Sellerhausen wurde heftig beschossen, und gerieth, wie die hier gegebene Ansicht, welche von der Nordostseite genommen ist, in Brand.

Als Napoleon den Übergang der Sachsen und Würtemberger erfuhr, sandte er eiligst den General Nansouty mit der ganzen Gardekavallerie und zwanzig Kanonen dorthin zu Hülfe. Er ließ Sellerhausen links liegen, und wendete sich weiter östlich nach Mölkau, wo er plötzlich hervor brach, und Miene machte den Verbündeten in Flanke und Rücken zu fallen. Napoleon selbst eilte herbey und ging mit einer Division Garde, indem er Sellerhausen rechts ließ, nach Reudnitz zu, um dem General Langeron entgegen zu gehen. Nansouty drang wirklich bis Mölkau vor.

Dort war der Feldmarschalllieutenant, Graf Bubna, aufgestellt, der sogleich seine Front veränderte, und den General Nansouty zwang umzukehren. Der Kronprinz von Schweden sandte zugleich den Prinz Ludwig von Hessen-Homburg mit einer Brigade auf diesen Punkt ab. Da das Schwedische Geschütz noch zurück war, so erhielt der Kommandant der Sächsischen Artillerie den Auftrag, mit dem seinigen gegen den Feind zu wirken. Da der Angriff zugleich von der Englischen Brandraketen-Batterie unterstützt wurde, so mißlang dieser Versuch des General Nansouty völlig. Während dieses hier vorging, marschirte der Preußische General Bülow in Sturmschritt auf Stünz und Sellerhausen, wo der Marschall Ney seine letzte Aufstellung gehabt hatte, los.

Die Preußen stürzten sich mit dem Bajonet in diese Dörfer, und der Feind wurde, aller Gegenwehr ungeachtet, herausgeworfen. Seine Versuche, die er späterhin machte, sich ihrer wieder zu bemächtigen, waren vergebens.

Als die Gardedivision, die von Napoleon nach Reudnitz gekommen war, hatte der Graf Langeron bereits Schönefeld erobert. Sie eilte sogleich dem hartgedrängten Marschall Marmont zu Hülfe, der wieder vorrückte, den General Langeron aufhielt, und sogar Schönefeld wieder nahm. In diesem kritischen Augenblick schickte der Kronprinz den Schwedischen General Cardell mit zwanzig Kanonen zu Hülfe. Dadurch wurde das Gefecht wieder hergestellt, und das Dorf mit Einbruch der Nacht von den Verbündeten wieder genommen.

Der General Bülow blieb die Nacht in Sellerhausen, und machte Anstalt den Kampf am 19. mit dem Frühesten zu erneuern. Indessen hatten die Franzosen schon in der Nacht die noch von ihnen besetzten Dörfer geräumt und den Rückzug angetreten. Um diesen zu decken, hatten sie große Truppenmassen um die Stadt aufgestellt. Der Marschall Macdonald kommandirte an der östlichen Seite derselben. Die hohen Verbündeten beschlossen sie mit Sturm nehmen zu lassen.

Der tapfere Bülow erhielt den Auftrag vom Kronprinzen, von Sellerhausen her in die Kohlgärten auf der Chaussee vorzudringen. Dieses geschahe mit einer Raschheit, die der Feind nicht erwartete. Er konnte dem furchtbaren Andrange nirgends lange Widerstand leisten. Schon um zehn Uhr hatten die Preußen von dieser Seite alles in die Vorstädte geworfen.

Sellerhausen?

Wie man aus der beygefügten Kupfertafel sieht, hat das Dorf durch den Brand nur theilweise gelitten, und ist mit Schönefeld in dieser Hinsicht nicht zu vergleichen. Dieses mag vorzüglich darinne seinen Grund haben, weil es seiner örtlichen Lage nach weniger vertheidigt werden kann, als das an der Partha liegende Schönefeld. Die hier gegeben Ansicht hat der Künstler von der Nordseite, wie bereits bemerkt, genommen. Man erblickt einen Theil des innern Dorfes.

Möckern

Gehört zu den Dörfern auf dem Schlachtfelde, welche von den Franzosen als wichtige Anlehnungspunkte ihrer Flügel benutzt wurden. Möckern eignet sich vorzüglich, so wie Schönefeld und Connewitz, dazu. Es wurde durch die Ereignisse am 16. Okt. merkwürdig, die auf die Schlacht einen so wesentlichen Einfluß hatten, daß hier der erste Grund zu dem großen Siege gelegt wurde. Der Feldmarschall Blücher hatte nämlich sein Hauptquartier vom 15. auf den

16. in Skeuditz, drey Stunden von Leipzig, auf der Straße nach Halle gehabt. Von hier aus suchte er seine Verbindung auf der einen Seite mit der Nord- und auf der andern mit der großen Oesterreichischen Armee zu bewirken.

Am 16. Morgens marschirte er von Skeuditz ab. Der General York ging auf der Straße von Skeuditz, der General Langeron auf jener von Landsberg vor. Zwischen Möckern und Eutritsch stand die Armee unter dem Marschall Marmont in Schlachtordnung, welche aus dem vierten, sechsten und siebenten Corps zusammengesetzt war. Das dritte war unter Ney in der Nähe, und konnte sie unterstützen. Aus allem, was in der Folge vorging, muß man schließen, daß Napoleon über die Nähe der Blücherschen Armee an diesem Tage völlig ungewiß war, oder wenigstens jetzt keinen Angriff von ihr vermuthete.

Als nämlich noch gegen Mittag alles auf dieser Seite ruhig blieb, und der Kampf bei Liebertwolkwitz und Wachau immer wüthender wurde, marschirte Ney nach jenen Gegenden, wo er seine Gegenwart nöthiger glaubte, ab. Marmont hatte die vor seiner Schlachtlinie liegenden Dörfer Lindenthal und Radefeld stark besetzen lassen. Gegen das letztere rückte der Graf Langeron vor und traf bey Freyrode auf den Feind. Er warf ihn nach einer hartnäckigen Gegenwehr aus beyden Dörfern und zog sich nach Breitenfeld und Großwiederitsch gegen Marmonts rechten Flügel. General York sandte seine leichten Truppen gegen Möckern. Auf der Straße dahin fanden sie an der Elster die Dörfer Lütschena, Wahren und Stahmeln stark besetzt. Sie vertrieben den Feind mit großer Bravour, indem sie alles mit dem Bajonet angriffen, daraus. Der General York selbst hatte seinen Weg nach Lindenthal genommen, und zwang auch hier die Franzosen es zu verlassen. Da der Marschall Marmont sahe, daß er die ganze Schlesische Armee, von mehr als 50 000 Mann vor sich hatte, sandte er Eilboten an den Marschall Ney ihn zu unterstützen; dieser traf zwar nachher ein, kam aber zu spät.

Nachdem der Graf Langeron und der Genera York sich der genannten Dörfer bemächtigt hatten, trafen sie nun auf das Gros der Marmontschen Armee. Der Feldmarschall Blücher ließ sogleich angreifen. Das Gefecht begann bey Möckern und wüthete dort am fürchterlichsten. Marmont ließ vierzig Kanonen auf einem Punkte aufführen um seine Infanterie zu unterstützen. General York brachte nach und nach seine sämmtlichen Truppen ins Feuer, und verlor viel Leute. Graf Langeron fiel auf den rechten Französischen Flügel bey Groß- und Kleinwiederitsch. Auch hier wurde der Kampf immer hitziger. Der Marschall Ney war nämlich wieder zurück gekommen. Die genannten Dörfer wurden gestürmt und mehrmals genommen und verloren. Durch Neys Ankunft wurden die Angriffe mit doppelter Kraft erneuert und der Kampf blieb einige Zeit unentschieden. Da befahl der Marschall Blücher der Reserve, unter dem General Sacken hervorzurücken. Ehe diese indessen ins Gefecht kam, hatte die Tapferkeit der beyden Corps von Langeron York bereits entschieden. Das Dorf Möckern wurde, wie Wiederitsch, eben so hartnäckig vertheidigt, als wüthend angegriffen. Endlich siegte der eiserne Muth der Verbündeten. Der Held Blücher brachte dem Feinde eine völlige Niederlage bey.

Die bey Möckern aufgestellten vierzig Kanonen hatten furchtbar unterden Preußen gewüthet. Der Major Sohr warf sich mit zwey Schwadronen Brandenburgischer Husaren im entscheidendsten Augenblicke auf sie. Die Infanterie folgte ihrem Beyspiele, ohne einige Zeit etwas ausrichten zu können. Die Augenblicke wurden immer wichtiger. Der tapfere General York sah dieses ein, und setzte sich mit hoher Verachtung der Gefahr mit dem Säbel in der Faust an die Spitze der Reiterei. Mit einem „Es lebe der König!“ stürtzte er sich gegen die Feuerschlünde, und im Nu waren ihrer deyßig erobert, und eine Menge Gefangener gemacht. Der Widerstand, den der Kern der Französischen Truppen leistete, diente zu nichts weiter, als daß der größte Theil niedergehauen wurde.

Man erbeutete im Ganzen dreyßig und etliche Kanonen und zwey Adler. Von den letztern würde man eine größere Menge erobert haben, wenn der größte Theil dieser Ehrenzeichen von den Franzosen nicht in Rußland gelassen worden wäre. Die Zahl der Gefangenen wurde in dem offiziellen Berichte des Preußischen Oberfeldherrn auf 2 000 angegeben. Sie ist eher stärker als geringer anzunehmen.

Ney und Marmont wurden aus ihrer ganzen Stellung geworfen. Das Corps des General York drängte die Französischen Massen von Möckern hinter Gohlis weg nach Eutritsch hinauf. Der General Langeron und Sacken trieben sie von Wiederitsch herunter, und so blieb ihnen kein andrer Weg übrig, als der nach der Partha, wo ihnen Schönefeld wieder einen sicheren Stützpunkt gab. Das Kavalleriecorps des Herzogs von Padua zog sich an die Hallische Vorstadt von Leipzig um diese zu decken, während sich das Gros der Marmontschen Armee an der Partha aufstellte. Die einbrechende Nacht verhinderte die Alliirten, den Sieg weiter zu verfolgen, dessen Früche sich in den folgenden Tagen auf die glänzendste Art zeigten.

Wenn die Schlacht bey Möckern auch wesentlich in die große Schlacht bey Leipzig als Bestandtheil gehört, so kann man sie doch auch als ein besonderes Ganze ansehen. Der Sieg, den der Marschall Blücher hier erfocht, war

Moeckern.

entscheidend; während des Kampfes selbst scheint der Preußische Feldherr seine Dispositionen völlig nach eigner Einsicht getroffen zu haben, um auf den großen Hauptzweck hinzuwirken. Die Lorbeeren, welche er sich mit seinen Helden auf diesem Schlachtfelde erwarb, gehören gewiß, insofern als der Schlacht bey Leipzig überhaupt der erste Preis zuerkannt werden muß, unter die schönsten, die er in so großer Menge einerndtete. Dieses kann zu einer gewissen Rechtfertigung für die dienen, welche von einer besondern Schlacht bey Möckern sprechen, wenn von der Völkerschlacht bey Leipzig die Rede ist.

Das Dorf Möckern liegt übrigens nordwestlich auf der Hauptstraße nach Halle und Magdeburg eine Stunde von Leipzig. Die hier gegebene Ansicht zeigt, wie sehr es verwüstet worden ist. Durch Granathen geriet es in Brand, mit dem Bajonet wurde es endlich nach wiederholten Stürmen genommen. Von dem Besitz desselben hing größtentheils der Gewinn der Schlacht ab. Im Ganzen mag die Schlacht bey Möckern in beyden Theilen allein gegen 12 000 Menschen gekostet haben.

Probstheyde

Gehört zu den Universitätsdörfern, und liegt in der Entfernung einer Stunde von der Stadt gegen Osten zu. Napoleon hatte es zum Mittelpunkt seiner Schlachtordnung am 18. gewählt und diesen fast unüberwindlich gemacht. Hier hat er den Ruhm erworben, dieses Dorf gegen alle die furchtbaren Angriffe, welche von den Verbündeten darauf gemacht wurden, bis and Ende behauptet und endlich freywillig geräumt zu haben. Auch erwähnt er in seinem Schlachtberichte Wachau's und Probstheyden's vorzugsweise, rühmt sich mehrerer eroberter Siegeszeichen, und spricht sogar von einer Art von Sieg, den er hier erfochten zu haben glaubt.

Das Dorf wurde mehrmals von allen Seiten gestürmt und beschossen. Preußen, Oesterreicher und Russen erstürmten es zu wiederholten Malen mit dem Bajonet, ohne sich desselben jemals ganz bemächtigen zu können. Ohne Zweifel sind Wachau und Probstheyde die beyden Ortschaften auf dem Schlachtfelde, wo die Partheyen die meisten Todten verloren. Bey Probstheyde hatte Napoleon den Kern seines Heeres, die ganzen alten und jungen Garden, aufgestellt, um sie von hier aus nach allen Punkten des vorliegenden Halbzirkels aussenden zu können. Ehe der Feind gegen dieses Centrum nur einen Schuß thun konnte, mußte er mit ungeheurem Menschenverlust erst Holzhausen, Zuckelhausen, Wolkwitz und Wachau erkämpft haben. Dazu verwendete er den 14. und 16., ohne seinen Zweck ganz erreicht zu haben. Noch mußte Meisdorf mit der Ziegelscheune genommen werden, ehe man mit Erfolg etwas gegen Probstheyde unternehmen konnte. Am 16. Oktober hatte Napoleon große Angriffskolonnen gebildet, die er in mehreren Richtungen nach Seyffertshayn, Großpösna, Güldengosse und Cröbern hin vordringen ließ, um die feindlichen Linien auf mehrern Punkten zugleich zu durchbrechen, die Flügel von ihren Centrum zu trennen, und die Armee, wie es ihm mehrmals geglückt war, theilweise zu vernichten.

Diese Versuche waren aber überall vergebens. Die Verbündeten gingen zurück bis sie ihre Reserven an sich ziehen konnten, und drängten diese Kolonnen eben so schnell zurück, als sie vorgedrungen waren. So mußte Napoleon auch auf der Seite von Probstheyde und Wolkwitz wieder in seine alten Stellungen zurückgehen, die er am Morgen inne gehabt hatte. Probstheyde litt schon in diesen Tagen außerordentlich, da die ganzen Französischen Garden und das Armeekorps des Marschall Viktor in und um das Dorf lagen, alles aufzehrten, zertrümmerten und ausplünderten. Schon jetzt flüchtete ein Theil der Einwohner. Hierher wurden übrigens auch für den ersten Verband die Blesierten geschafft, deren abgelöste Glieder man in großen Haufen aufgethürmt sahe. Am 17., da eine Art von Waffenruhe statt fand, gerieth der Kirchthurm plötzlich in Flammen, ohne daß die Einwohner noch bis jetzt angeben können, wovon dieser Brand entstanden ist? Sicher ist er einer Verwahrlosung zuzuschreiben.

An diesen Tagen erhielt Napoleon spät Abends die gewisse Nachricht, daß die Verbündeten große Verstärkungen erhalten hätten, und besonders die ganze Polnische Armee unter dem General Bennigsen auf dem Schlachtfelde eingetroffen sey. Dies bewog ihn seine ganzen Schlachtlinien in einem engen Halbkreise zu konzentriren, weil er für den bisherigen größern nicht mehr Truppen genug hatte. Die vorliegenden Dörfer Holzhausen, Zuckelhausen und Liebertwolkwitz blieben zwar noch besetzt, jedoch nicht mehr mit großen Massen. Vor Probstheyde wurden Kavallerielinien aufgestellt, das Dorf selbst aber machte den wichtigen Punkt im Centrum der Schlachtlinie, die sich jetzt von Schönefeld über Sellerhausen, Stötteritz, Probstheyde, Dösen und Dölitz, Lösnig und Connewitz an die Pleiße und Gehölze zog.

Der Fürst von Schwarzenberg hatte am 18. kaum erfahren, daß Wachau und Liebertwolkwitz gewissermaßen verlassen wären, als er sogleich seine Disposition traf die Angriffe auf die Hauptlinie des Feindes anzuordnen. Die unter seinen Befehlen stehende Armee wurde in drey Kolonnen formirt. Sie wurden vom General Bennigsen, Barkley de Tolly und Prinzen von Hessen-Homburg kommandirt. Der General en Chef Barkley de Tolly rückte mit der seinigen von Güldengosse gegen die Höhen von Wachau vor. Der Feind hatte das Vorwerk Meisdorf schwach besetzt. Die Brigade Prinz August rückte auf dessen rechten Flügel vor. Die Brigade Klür, welche vorher Wachau besetzt hatte, folgte als Reserve. Dem Kleistischen Corps folgte das Wittgensteinische. Unweit Probstheyde marschirte die ganze Masse auf. Bey Meisdorf stand die Preußisch-Russische Garde als Reserve. – Die beyden Brigaden von Pirch und Prinz August erhielten Befehl Probstheyde zu nehmen. Dies geschah ungefähr um zwey Uhr Nachmittags. Im Dorfe befanden sich allein gegen 8 000 Mann. Es wurde von dem ganzen Corps des Marschall Viktor und einem Theil des fünften vertheidigt. Diese Massen konnten durch die rückwärtsstehenden Garden stets unterstützt werden. Die Französische Infanterie benutzte die Lehmwände an den Gärten als Schanzen, vor denselben standen nach Osten und Süden zu Batterien. Die Preußen stürzten sich dessen ungeachtet in das Dorf, und drangen weit vor. Neue Französische Truppen warfen sie wieder heraus, ein Theil derselben suchte vergebens der Brigade Pirch in die Flanke zu kommen. Die Preußischen Brigaden rückten aufs neue unter persönlicher Anführung ihrer Generale ins Dorf. Sie drangen tief in dasselbe ein, verloren viele Leute, und mußten sich zum zweyten Male zurückziehen. Das bereits eroberte Geschütz ging verloren. Alle drey Brigaden, Prinz August, von Pirch und von Klür, mit einem Theile des Wittgensteinischen Corps stellten sich nun wieder auf. Das Dorf wurde jetzt von der Ost- und Südseite von 150 Feuerschlünden beschossen. Alle Versuche es zu nehmen scheiterten, weil der Feind immer neue Verstärkungen hineinwarf. Zuckelhausen war von der Brigade von Ziethen erobert worden. Diese versuchte gegen Abend einen neuen Angriff auf Probstheyde von dieser Seite her; aber auch er mißlang. Die Franzosen versuchten nach jedem abgeschlagenen Angriffe wieder vorzudringen, wurden aber jedes Mal von einem alles zerschmetternden Kartätschenhagel zurückgewiesen.

Gegen Abend ging die Nachricht an den Fürsten von Schwarzenberg ein, daß Schönefeld nach großen Anstengungen erstürmt und völlig vom Feinde verlassen sey. Jetzt befahl der Fürst nichts weiter gegen Probstheyde

Probstheyda

zu unternehmen, indem die Schlacht komplett gewonnen und auch dieses Dorf noch diese Nacht von dem Feinde geräumt seyn würde. Am Morgen war es verlassen.

Probstheyde hat bey diesem harten Kampfe ungeheuer gelitten. Die Häuser sind größtentheils Schutthaufen, und die Einwohner haben alles verloren. Das Kupfer stellt das Dorf von der Seite dar, wo die Straße von Leipzig herein führt. In seinen Umgebungen und in denen von Wachau, wo häufige und große Kavallerieangriffe Statt fanden, liegen unstreitig die meisten Todten eingescharrt.

Connewitz

Das Dorf Connewitz liegt gerade gegen Süden von Leipzig in einer Enfernung von drei Viertelstunden, wird im Sommer von mehreren Bewohnern der Stadt bewohnt, welche daselbst Häuser und Besitzungen haben, lehnt sich auf dem rechten Ufer an die Pleisse an und wird in die große und kleine Gemeinde eingetheilt, welche zusammen gegen vierhundert Einwohner haben. Zwar ist Connewitz kein Hauptschauplatz der blutigen Kämpfe bei Leipzig, indessen wurde doch den 16ten bei ihm ein Versuch gemacht, der, wenn er gelungen, der französischen Armee im Rücken höchst nachtheilig hätte seyn müssen.

Schon vor der Schlacht war Connewitz ein Ort, bei dem die Franzosen oft starke Feldwachen ausgestellt hatten. Späterhin waren auf der Ost- und Nordseite zahlreiche Bivouaks. Als der König von Neapel den 11. October 1813 in der Nacht in Wachau angelangt war und daselbst sein Hauptquartier aufgeschlagen hatte, wurden alle Dörfer an der Pleisse hin stark besetzt.

Den 12ten kam eine außerordentlich große Wagenburg an, welche zu dem Armeekorps des Königs gehörte, fuhr spät Nachmittags durch Leipzig und stellte sich gegen Abend zwischen diesem und Connewitz auf den Feldern rechts und links der Straße auf. Von diesem Augenblicke an begannen fürchterliche Verheerungen; ein großer Theil der Allee, welche von der Stadt nach Connewitz führt, wurde umgehauen und zu Bivouakhütten und Feuern verbraucht; das Vieh wurde aus den Ställen geschleppt und auf den Feldern geschlachtet, die Thüren, Fensterladen, Treppen, Stackete, kurz, alles Holzwerk, das losgerissen werden konnte, wurde aus den Dörfern in die Bivouaks getragen und da verbrannt. Connewitz war diesen Verheerungen und Plünderungen am meisten ausgesetzt, weil die Anzahl der Bivouaks in seiner Umgegend sehr groß war.

Den 16ten Morgens, noch ehe der Kampf begann und auch im Anfange desselben, zogen große Schaaren von Fußvolk und Reiterei mit Kanonen an Connewitz vorbei über die Felder nach dem Hauptkampfplatze hin. Das Dorf selbst war von Franzosen und Polen besetzt, welche unter dem Fürsten Poniatowsky standen; auf der Ostseite desselben war ein großes Lager, die französischen Tirailleurs hatten den Wald zwischen dem ersten und zweiten Arme der Pleisse besetzt; über den Letztern hatten sie schon einige Tage zuvor die Brücke abgebrochen und in der Gegend zwischen beiden Pleissearmen mehrere Kanonen aufgeführt. Gegen 9 Uhr nahm der große Kampf um die Rettung der Freiheit Europas seinen Anfang. Scharfschützen begannen das Gefecht, Reiter folgten ihnen; zugleich fielen auch Kanonenschüsse: jetzt kamen die österreichischen Truppen durch das Gehölz von Connewitz von Gautsch her, wollten durch dasselbe über die Pleisse gehen und den Franzosen über den Rücken kommen. Der Fürst von Schwarzenberg befand sich selbst bei diesem Corps, war aber in Gautsch geblieben, von dessen Kirchthurme herab man jede Bewegung bei Wachau und Liebertwolkwitz beobachten konnte.

Als die Österreicher an den zweiten Arm der Pleisse (von Connewitz aus gerechnet) kamen, konnten sie nicht darüber, weil die Brücke abgetragen war. Die Straße läuft durch einen dicken Wald, durch welchen kein Nebenfahrweg geht; sie ist nicht breit, das Ufer des zweiten Pleissearms ist hoch und steil, die Pleisse war damals gerade ziemlich voll und die österreichischen Truppen mußten hier Halt machen. Sie begannen mit den Franzosen zu plänkeln, was durch die großen Eichen sehr begünstigt wurde: die Österreicher führten einige Kanonen auf der Wiese, rechts von der Straße von Connewitz gerechnet, auf und schossen auf die Franzosen, allein alle Kugeln gingen über das Dorf hinweg, und fielen in die französischen Bivouaks.

Nachdem sich der Fürst von Schwarzenberg überzeugt hatte, daß durch den Wald über die Pleisse bei Connewitz kein Uebergang zu erzwingen sey, indem der General Meerveldt, der sich mit bei den ersten Bataillonen befand, in diesem Dorfe nebst den übergegangenen Truppen gefangen genommen wurde. Man muß sich wundern, daß der Fürst von Schwarzenberg bei Connewitz einen Versuch zum Uebergange über die Pleisse beabsichtigte, da doch die örtliche Beschaffenheit gar nicht hierzu geeignet ist, und die Franzosen schon seit einigen Tagen alle Veranstaltungen zur Verhinderung desselben getroffen hatten. Der Fürst von Schwarzenberg blieb bis nach 12 Uhr Mittags in Gautsch, wo ein Eilbote nach dem Andern eintraf und ihn von der Gefahr bei Wachau unterrichtet. Hierauf brach er mit allen bei sich habenden Truppen auf, ging weiter hinauf in der Gegend von Gaschwitz und Deuben über die Pleisse und gegen 2 Uhr Nachmittags kam die Spitze seiner Armee, aus Cavallerie bestehend, in dem Augenblicke durch Cröbern, als die Franzosen die verbündete Armee von Wachau zurückgeschlagen hatten und sich schon in der Nähe von Cröbern befanden. Wären die Franzosen nicht hier aufgehalten worden, so hätten sich die Alliirten noch viel weiter zurückziehen müssen, und die Schlacht wäre an dem heutigen Tage auf dieser Seite für sie verloren gewesen; denn in diesem Augenblicke mußten sie sich auch von Liebertwolkwitz durch den Wald nach Großpösna zu zurückziehen.

Bei Connewitz dauerte das Tirailliren nebst einzelnen Kanonenschüssen den ganzen 16ten fort, und die Franzosen hatten in dessen Nähe eine große Anzahl Truppen stehen, um jeden Versuch zum Uebergange zu vereiteln. Den 17ten war es hier, wie an den meisten Stellen des Schlachtfeldes, ruhig. Den 18ten begann das Gefecht von neuem, ob es sich schon auf bloßes Plänkeln beschränkte, indem der Fluß die beiden Heere trennte. Den 19ten früh um 2 Uhr begann der Rückzug der Franzosen um und durch Connewitz, und nach 7 Uhr Morgens drangen die ersten Oesterreicher von der Straße nach Borna her ins Dorf ein, das die Franzosen verließen. Diese zogen sich langsam zurück und jene folgten ihnen auch langsam.

Dies Dorf hat sehr durch Plünderung, weniger aber durchs Feuer gelitten. Nur drei Güter sind abgebrannt, und zwar nicht im Gefechte und durchs Beschießen, sondern durch die Bivouaks. Die Nächte waren damals ziemlich kalt, der Wind stürmte oft sehr in der Nacht, und da die Franzosen ihre Bivouakfeuer ganz nahe an den Mauern und Häusern angezündet hatten, so ergriff ihre Flamme die Letztern und legten die eben erwähnten Güter in die Asche. Die Zahl der Todten, welche in und um Connewitz und auf den Wiesen nach der Schlacht gefunden wurden, war zwar nicht sehr groß, allein die Franzosen hatten auch viele der Ihrigen in die Pleiße geworfen, welche erst beim Thauwetter und als der Fluß anwuchs, im März 1814 von den Fluthen emporgehoben und mit fortgenommen wurden. Auch fand man mehrere Franzosen in einem Deiche. Nach französischen Berichten vertheidigte der General Lefol Connewitz und die Brücke über den ersten Arm der Pleisse; von österreichischer Seite war es der General Graf Meerveldt, welcher den Angriff auf Connewitz befehligte, und unter seinen Befehlen beschäftigte der General Longueville mit dem Regimente Bellegarde den Feind den ganzen Tag an zweiten Arme der Pleisse, wobei ihm auch die zwei Bataillone Davidovich unter dem Generale Quallenberg beistanden und dem

Feinde großen Abbruch thaten. Den 18ten war der Feldmarschalllieutenent Lederer zwischen der Elster und Pleisse geblieben, und griff den ganzen Tag die Franzosen an der Pleisse bei Connewitz, so wie bei Lösnig und Dölitz an. Im französischen Amtsberichte heißt es, der rechte Flügel der Franzosen sey den 19ten bei Connewitz aufgestellt gewesen, allein dies ist nicht ganz richtig, der rechte französische Flügel lehnte sich an diesem Tage an Dölitz und Lösnig, und Connewitz lag in seinem Rücken; indessen liegen diese drei Dörfer sehr nahe an einander, so daß die beiden ersten bloß ein einziges Dorf auszumachen scheinen.

Die Ansicht des Dorfes Connewitz ist auf der Straße durch dasselbe, mit dem Gesichte nach Leipzig hin gerichtet, aufgenommen. Links sind die beiden Wirtshäuser, die alle beide durch das Beschießen gelitten hatten; besonders war dies mit der vorderen Schenke der Fall, welche der Brücke gegen über liegt, und welche durch eine außerordentlich große Menge Flintenkugeln sehr beschädigt war. Ueber diese beiden Wirthshäuser, so wie über einige andere Gebäude hinweg, hinter denen französische Lager waren, flogen die

Kanonenkugeln, welche die Oesterreicher von jenseits des zweiten Arms der Pleisse auf einer Wiese herüber schickten. Die Kirche steht im Hintergrunde und vorne erblickt man mehrere österreichische Reiter.

Die Franzosen bivouakirten in der Nacht vom 18ten zum 19ten Oktober bei Connewitz gegen Lösnig hin, an und zwischen den Deichen dieses Dorfes hinauf, und es ist höchst unwahrscheinlich, daß durch die Massen von Truppen Reiter gedrungen seyn und der Oberste Ilessy von Palatinat-Husaren vorwärts Connewitz bei dem steinernem Kreuze an der Straße nach Leipzig zu gestanden habe, wie man mündlich und schriftlich behauptet hat. Wir haben um zehn Uhr des Nachts die Bivouakfeuer gesehen und die meisten Bivouaks der Franzosen waren viel weiter vorwärts an der Straße nach Borna zu. Allein zu läugnen ist nicht, daß die Truppen aller Nationen in dieser Nacht sehr nahe an einander bivouakirten, und daß, da es sehr finster war, auch hier und da ein Trupp näher an den Andern gedrungen seyn kann, als dies die Sicherheit gestattete.

Lösnig

Dies Dorf liegt ebenfalls an der Pleisse, eine Viertelstunde von Connewitz gegen Süden, und hat gegen 200 Einwohner. Der Kampf war daselbst den 18. October sehr hartnäckig und ein großer Theil desselben wurde vom Feuer verzehrt. Vor und wärend der Schlacht war es der Tummelplatz der Franzosen und Polen, welche alles ausplünderten, und das zerstörten, was sich nicht mit fortnehmen ließ.

Den 16. October war es von Polen besetzt, welche den Oesterreichern den Uebergang über die Pleisse streitig machten und mit ihnen den ganzen Tag plänkelten. Beide Theile waren theils durch Gebüsch und Bäume, theils durch die Häuser gedeckt und setzten desto sicherer den Kampf fort. Die Bäume und Gebüsche an der Pleisse waren von den Kugeln gewaltig zerschossen. Den 17ten schwieg hier der Kanonendonner, so wie das Kleingewehrfeuer, und die Kämpfenden standen friedlich aneinander gegenüber. Der Fürst Poniatowsky, der den linen Flügel der großen französischen Armee befehligte, war an diesem Tage theils in Dölitz, theils in Lösnig, und sein Lob erschallt noch jetzt aus dem Munde der Einwohner. Er half, wo er konnte, sprach menschenfreundlich Trost zu und verhütete Unglück, wo er es vermochte. Nachmittags rückten hier und auf den Feldern ostwärts, die Franzosen und Polen näher zusammen, indem sich an diesem Tage und an dem folgenden der ganze linke Flügel an die beiden Dörfer Dölitz und Lösnig anlehnte. In der Waldung, welche sich von Lösnig gegen Osten zieht und die Lösniger Deiche heißt, stellte sich das Armeekorps des Marschalls Augerau auf, welches den 18ten Oct. die Verbindung mit dem französischen Mittelpunkte bei Probstheyda unterhielt.

Den 18ten October begann der heiße entscheidende Kampf mit dem Schlag 8 Uhr Morgens. Die Oesterreicher rückten unter dem Oberbefehl des Erbprinzen von Hessen-Homburg, der ihren linken Flügel befehligte, von Cröbern, Crostewitz und Markkleeberg her gegen Dölitz vor. Längs der Pleisse hin marschirte die Division Bianchi und der Feldmarschall-Lieutenant Graf Hardegg eröffnete hier den Kampf. Er griff die Polen bei Dölitz mit zwei Escadrons Husaren von Hessen-Homburg unter dem Oberstlieutenant Szymony an, und ließ sie durch 2 andere Regimenter unterstützen, allein die Polen, denen es um die Behauptung der höher gelegenen Felder links von Dölitz sehr zu thun war, warfen die Angreifenden zurück. Jedoch drangen die Oesterreicher wieder mit großer Macht vor und der Kampf wüthete den ganzen Tag in Dölitz und Lösnig fürcherlich. Der Erbprinz von Hessen-Homburg wurde in Dölitz verwundet, und an seiner Stelle übernahm der General Bianchi den Oberbefehl über den linken Flügel. Vorzüglich große Anstrengungen machten die Oesterreicher auch gegen das Corps des Marschalls Augerau, das die Lösniger Deiche vertheidigte. Dies sind mehrere Deiche, welche auf zwei Seiten wallartige Dämme haben, auf denen Geschütz hin- und herfahren konnte. Der Kampf war auf den Feldern vorwärts der Deiche sehr blutig, und die Franzosen konnten nicht aus ihrer Stellung vertrieben werden. Die örtliche Lage war ihnen hier zu günstig und die Wichtigkeit der Stellung für sie zu groß, als daß sie nicht alles zu ihrer Behauptung hätten aufbieten sollen. Die Oesterreicher konnten nie zwischen diese Waldungen eindringen, obschon dies ihr Amtsbericht behauptet. Die Franzosen verließen erst in der Nacht vom 18ten auf den 19ten October die Lösniger Deiche, und an denselben hinauf sah man aus der Menge der Todten, die hier und auf den Feldern lagen, daß der Kampf sehr hitzig gewesen war.

Nach langen Kämpfen mußte endlich der Fürst Poniatowsky Dölitz verlassen, und da es den Oesterreichern gelungen war, sich in der Mühle von Lösnig festzusetzen, so mußten die Polen auch einen Theil von Lösnig räumen, allein die Mühle machte Abends und in der Nacht die Scheidewand zwischen den beiden streitenden Parteien. Sogleich an der Mühle bei dem Rittergute und der Schenke, welche beide abbrannten, standen die Polen.

Den 18ten Nachmittags wurde Dölitz mehrmals erstürmt und gieng immer wieder verloren; das mörderischste Infanteriefeuer und eine ununterbrochene Kanonade dauerte bis zur Nacht fort. Die Oesterreicher kämpften mit außerordentlicher Bravour, so wie auch die Polen und Franzosen. Die Oesterreicher hatten nicht weit von dem Rittergute in Dölitz, jenseits der Pleisse auf einer Wiese, einige Kanonen stehen und schossen damit nach Lösnig. Nicht lange nach Mittag warfen sie einige Granaten nach diesem Dorfe und steckten auf den dritten Schuß die Gebäude des Ritterguts, das dem Hrn. Oberhofgerichtsrathe Kees in Leipzig gehört, in Brand. Sowohl die Scheunen und Ställe, als das Wohnhaus, wurden in die Asche gelegt; dies Schicksal hatte auch die Schenke und mehrere andere Häuser. Die Oekonomiegebäude des Ritterguts sind wieder aufgebauet, allein das Herrnhaus steht noch in allen seinen Ruinen da. Mehrere Beobachter haben bemerkt, daß die österreichischen Granaten immer mit dem zweiten oder dritten Schusse zündeten, wie dies bei der Mühle in Dölitz den 16ten October der Fall war, in welcher sich eine große Anzahl Polen befand; die Franzosen hingegen warfen von den Feldern links von Dölitz eine Menge Granate nach dem Rittergute in Dölitz, das die Oesterreicher schon den 16ten Morgens um 8 Uhr besetzten, allein sie konnten es nicht in Brand stecken.

Von Lösnig und Dölitz läuft eine Anhöhe zwischen den Lösniger Deichen und Dösen an der Schäferei Meusdorf vorbei bis nach Probstheyda hinauf, welche den 18. October der Schauplatz des wüthendsten Kampfs war, wo beide Theile alle ihre Kräfte aufboten, sich in den eingenommenen Stellungen zu behaupten. Die Franzosen und Polen begünstigte die örtliche Beschaffenheit; denn sie standen zum Theil in Dörfern, zum Theil an den Lösniger Deichen, wo sie viele Verhaue angelegt hatten; die Oesterreicher dagegen waren ganz bloß gestellt, und Bianchi bat den Fürsten von Schwarzenberg mehr als einmal um Unterstützung, weil hier das Kriegsglück schwankte. Die Brigade Beck von der Division des Generals Bianchi entriß zuerst den Polen Dölitz und einen Theil von Lösnig und behauptete beide lange gegen alle Anstrengungen der Feinde, allein die Uebermacht dieser zwang sie, dieselben wieder zu verlassen. In diesem gefährlichen Augenblicke beorderte der Feldmarschall-Lieutnant Graf von Weissenwolf die zwei Grenadierbataillons Call und Fischer zur Unterstützung der Division Bianchi. Der Oberstlieutenant Call und der Hauptmann Ramberg vom Generalquartiermeisterstabe führten das erste Bataillon in zwei Colonnen in das vom Feinde sehr stark besetzte Dorf Dölitz und warfen ihn mit dem Bajonette wieder heraus.

Lösnig.

Die Ansicht des Dorfes Lösnig ist auf der Wiese jenseits der Pleisse aufgenommen. Man sieht da das Herrnhaus, wovon bloß noch die äußern Mauern stehen. Rechts ist die Mühle von Lösnig, wo der Kampf sehr blutig war. Die Plänkler jagten einander zwischen den Bäumen und Büschen hin und her, und die Spuren der Kugeln sind an den Mauern der Mühle noch allenthalben sichtbar.

Markkleeberg

Das Dorf Markkleeberg liegt sieben Viertelstunden von Leipzig an der Straße nach Borna, südlich von Dölitz, und wird von der Pleisse in zwei Theile getheilt, die durch eine Brücke mit einander verbunden sind. Auf dem linken Ufer ist das Rittergut, die Pfarrwohnung, die Mühle und die Kirche in einiger Entfernung vom Dorfe, auf dem rechten Ufer die Schule, die Schenke und viele andere Häuser. Es hat gegen 300 Einwohner und zu dem Rittergute gehört die in der Schlacht bei Leipzig so berühmte Schäferei Auenhain, welche einzeln im Felde auf der Mitte des Wegs zwischen Wachau und Cröbern steht, und von Markkleeberg eine halbe Stunde entfernt ist. Beide gehören dem Herrn von Funk.

Seit der Aufkündigung des Waffenstillstandes waren in Markkleeberg, so wie in Dölitz und Lösnig, ununterbrochen Franzosen nebst ihren Bundesgenossen einquartiert, weil sie von dieser Seite her schon den 26. August 1813 gleich nach Mittage von den Oesterreichern bedrohet wurden. Die Kosaken wagten sich bis hierher vor, und seitdem eine Abtheilung französischer Reiter hier von ihnen gejagt worden war, war ihre erste Frage, sobald sie ans Dorf kamen: „sind Kosaken hier gewesen oder haben sie sich hier sehen lassen?“ Markkleeberg war der äußerste Posten von dieser Seite, und ein französischer Dragonerhauptmann, der hierher zu stehen kam, hatte die Verbindlichkeit, fleißige Untersuchungen anzustellen, aber er wagte es nicht, seine Leute dabei der Gefahr auszusetzen, weil er fürchtete, die Kosaken möchten sich irgendwo im Gehölze bei Crostewitz oder Cröbern versteckt haben. Er requirirte daher täglich einige Bauern, die er nach verschiedenen Seiten ausschickte, um Kundschaft einzuziehen. Diese Ausspäher mußten sich durch ein Zeugniß von den Gerichten des Orts legitimiren, daß sie wirklich da gewesen seyn.

Nach dem 29. September, wo der Marschall Marmont ganz unerwartet in Leipzig von Meissen her eintraf, kam eine zu seinem Corps gehörige Abtheilung von Borna herab und quartirte sich in Markkleeberg ein: es war der württembergische General Normann mit seiner Reiterei und zwei Compagnien Franzosen zu Fuß. Die Deutschen ließen den Franzosen bei jeder Gelegenheit ihre Abneigung empfinden und erklärten ihren Wirthen unverholen, daß sie keine Lust mehr hätten, mit den Franzosen und für sie zu kämpfen. Die französischen Offiziere wußten gar nichts von dem, was bei ihrer großen Armee vorgefallen war: sie hatten keine Kenntniß von den Schlachten bei Großbeeren, Culm, an der Katzbach und bei Dennewitz, und meinten, die Verbündeten hätten keine Lust, sich mit ihnen in eine Hauptschlacht einzulassen.

Den 22. October kamen Truppen von dem Armeecorps des Marschalls Augerau nach Markkleeberg zu stehen, und die Offiziere, die vor kurzem noch in Spanien gefochten hatten, wußten von allen Vorfallenheiten bloß den Sieg bei Dresden den 26. und 27. August. Ein Offizier, der soeben von der Armee des Königs von Neapel kam, erzählte ihnen, die eine große Hoffnung auf die Ungeschicklichkeit der feindlichen Heerführer und ihrer Truppen setzten, daß die Russen jetzt eben so gut auf dem Schlachtfelde manöuvrirten als die Franzosen, und daß mit Manöuvres nichts mehr gegen sie auszurichten sey; wollte Napoleon seine Feinde schlagen, so müsse er ein neues Manöuvre erfinden.

Der König von Neapel und der Fürst Poniatowsky waren nunmehro mit ihren Truppen in der hiesigen Gegend eingetroffen; anfänglich ging unter den Soldaten das Gerücht, daß man nicht da stehen bleiben, sondern nach Lützen hin, auf das Schlachtfeld in dieser Gegend, aufbrechen werde, wo es zu einer allgemeinen Schlacht kommen werde; allein der König von Neapel ließ die Umgegend von Wachau schon den 12ten Morgens aufnehmen und untersuchen, und Napoleon, der sich in Düben befand, Nachricht davon geben. Und die Geeignetheit der Gegend, die Menge der Dörfer, die Waldungen und die Pleisse sollen Napoleon zu dem Entschlusse gebracht haben, in dieser Gegend eine Schlacht zu liefern.

Mit dem Zusammendrängen so vieler Truppen, begann erst die Noth in den Dörfern. Markkleeberg, Dölitz und Lösnig wimmelten voll Truppen. Mehrere Bauern verließen aus Mangel an Lebensmitteln und wegen des Drucks und der Mißhandlungen ihre Wohnungen und flohen in die Wälder, wo sie sich Hütten von Reisholz baueten und kümmerlich lebten, um nur nicht den Plakkereien der Soldaten ausgesetzt zu seyn, deren Bedürfnisse sie nicht mehr zu befriedigen vermochten. Die Kosaken drängten jetzt; Augereaus Truppen verließen Markkleeberg, und an ihrer Stelle kamen polnische Reiter, welche die Kosaken wieder verjagt hatten. Jetzt wurde alles durch sucht, und ausgeplündert. Man drang allenthalben ein und verschonte nichts.

Die Heere der Verbündeten rückten nunmehro vor, und von dem Kirchthurme zu Markkleeberg konnte man sehr gut alle Vorbereitungen zu dem Treffen am 14ten zwischen Wachau und Liebertwolkwitz beobachten. Die Preussen und Russen kamen von Störmenthal über Güldengossa gegen Wachau, und die Oesterreicher von Großpösna nach Liebertwolkwitz. Der rechte Flügel der Franzosen war an der Straße nach Borna aufgestellt und die Truppen desselben zogen Colonnenweise nach den Angriffspunkten. Schlag 12 Uhr begann der Kanonendonner, und das Gefecht dauerte bis gegen 5 Uhr, wo sich die Verbündeten wieder zurückzogen. Es war von ihrer Seite eine große Recognoscirung. Die französischen Vorposten hatten nach dem Gefechte gerade wieder die Stellungen inne, welche sie schon den 11ten October gehabt hatten.

Den 15ten October schwärmten die Kosaken ganz in der Nähe der französischen Vorposten herum, welche aus neuen polnischen Kosaken bestanden, die bivouakirten, und sich bisweilen zu Pferde setzten, um einander abzulösen und ihre Gegner zu necken. An diesem Tage untersuchte Napoleon die ganze hiesige Gegend, in der Begleitung eines starken Gefolges, worunter auch der Fürst Poniatowsky war.

Die Brücke über die Pleisse bei Markkleeberg war schon seit einigen Tagen abgebrochen, und den 16. Oct. Morgens um 6 Uhr kamen 2 Kosaken auf dem linken Ufer bis an die abgebrochene Brücke bei der Pfarrwohnung, um zu recognosciren. Der General von Kleist rückte von Cröbern und Crostewitz gegen Markkleeberg vor und nach halb 9 Uhr begann der Kampf. Die Franzosen und Polen wurden auf der Straße von Borna bis hinter Markkleeberg gedrängt, und da auch österreichische und preussische Tirailleurs bei der Mühle vom linken Ufer der Pleisse durch dieselbe auf das rechte giengen, so vertrieben sie auch von dieser Seite die Franzosen, und Markkleeberg wurde von den Verbündeten besetzt, indessen drangen die Franzosen von Dölitz her wieder vor, warfen die Verbündeten heraus, allein diese setzten sich wieder in den Besitz des Dorfs. Zu gleicher Zeit wurde von ihnen ein nahes Gehölz in dem Thale, das sich von Markkleeberg nach Wachau hinauf zieht, angegriffen, und schon wich auch hier die französische Infanterie, als ihr Reiterei zu Hülfe kam, bis nach Markkleeberg vorrückte und dadurch bewirkte, daß die französischen Tirailleurs ebenfalls wieder vorgehen konnten, wo sie die ersten Häuser des Dorfs besetzten. Nun begann die beiderseitige Reiterei auf einander loszugehen; bald drang man vor, bald zog man sich wieder zurück, je nachdem die eine oder die andere Partei Verstärkungen bekam.

Es war der preußische Oberstlieutenant von Löbel, welcher Markkleeberg zuerst besetzte. Die Reiterangriffe dauerten fort. Die russische Reiterei hieb ein, mußte sich aber doch zurückziehen, weil die Franzosen Verstärkungen erhalten hatten und sie auf beiden Seiten zu überflügeln droheten. Jedoch machte sie etwa 600 Schritte rückwärts Halt, wo sie durch Verstärkung der feindlichen gleich wurde; die französische Reiterei machte ebenfalls halt und wagte sie nicht weiter zu verfolgen. Jetzt aber wurde die russische Reiterei von Wachau herab mit Kanonen beschossen und mußte sich aus der Schußweite entfernen.

In und bei Markkleeberg wurde fortdauernd heftig gefochten und das Dorf wurde viermal mit Sturm genommen ... Um 10 Uhr Vormittags steckten die Franzosen die Schule in Brand. Um 3 Uhr verließen die französischen Tirailleurs das rechte Ufer der Pleisse und das linke war mit russischen Grenadieren besetzt, worauf in dieser Gegend keine weitern Angriffe statt fanden. Allein dies war nicht der Fall mit dem Theile des Dorfs, der an der bornaischen Straße liegt; hier wurden die Angriffe unaufhörlich erneuert, und um 5 Uhr Nachmittags wurden die Preussen durch Truppen von der Division Bianchi von der österreichischen Reserve abgelöset. Die Oesterreicher hielten die ersten Häuser des Dorfs an der bornaischen Straße von Crostewitz her, und die Franzosen jene von Dölitz her besetzt, und dieser Zustand dauerte auch den ganzen 17. October hindurch fort, wo die beiderseitigen Truppen trotz ihrer Nähe sich ganz friedlich gegeneinander benahmen. Von der Anhöhe von Wachau herunter fielen mehrere Kanonenkugeln in die Häuser, wie man noch jetzt bemerkt, da man Mehrere derselben in die Wände eingemauert hat.

Den 18ten Morgens um 2 Uhr verließen die Franzosen Markkleeberg und zogen sich nach Dölitz hin zurück; die Verbündeten rückten ihnen unter dem Erbprinzen von Hessen-Homburg nach ... In der Nacht vom 16ten zum 17ten brannte Markkleeberg an vier Orten und es sind auch vier Häuser abgebrannt, so wie in Lösnig neun.

Das Dorf Markkleeberg ist von der Landstraße, mit dem Rücken nach Leipzig zu gekehrt, aufgenommen; der Gasthof, der zum Theil abgebrannt war, aber schon wieder aufgebauet ist, liegt rechts, so wie der größte Theil des Dorfes links. Die Straße, welche am Dorfe von Borna, Altenburg her u.s.w. vorbeiführt, ist sehr besucht, wie man auch schon auf unserer Abbildung sieht, wo man Reisende zu Fuß, im Postwagen und Fuhrleute erblickt.

Markkleeberg.

Holzhausen

Das Dorf Holzhausen liegt etwa sechs Viertelstunden von Leipzig gegen Südosten an der Straße nach Grimma, gehört der Universität, hat beinahe 300 Einwohner und eine Filialkirche von Probstheyda. Der Kampf in und um Holzhausen, war den 14ten, 16ten und 18. October sehr hartnäckig und blutig. Den 14ten um 9 Uhr Vormittags kam der Marschall Macdonald von Stötteritz her im Dorfe an, verlangte von dem Wirte eine Stube und etwas zu essen. Das Wirthshaus liegt an der Straße; hier stieg er ab, ging eine Treppe hinauf, nahm ein Fernrohr und sah sehr fleißig nach Seifertshain, Fuchshain u.s.w. hin, und es dauerte nicht lange, so bemerkte er das Vorrücken der Oesterreicher, die sich schon den 13ten in der Gegend gezeigt hatten.

Große Züge von Infanterie und Fußvolk mit Kanonen rückten durch Seifertshain gegen Holzhausen vor und stellten sich in der Vertiefung zwischen beiden Dörfern auf halbem Wege über dem Schaukelgraben gegen das Zauchenholz hin auf. Die Franzosen hatten ihre Stellung am Gasthofe von Holzhausen und über die Straße hinweg an der Windmühle, das Dorf im Rücken. Kaum fingen sich die Oesterreicher aufzustellen an, so schickte der Marschall Macdonald einen Adjutanten ab, und in einem Augenblicke flogen einige zwanzig Kanonen herbei, die hinter dem Dorfe nach Stötteritz hin standen, und fuhren hinter dem Gasthofe vor dem Dorfe auf.

Die Franzosen standen höher als die Oesterreicher, welche von dem General Klenau befehligt wurden, und konnten ihr Geschütz besser gebrauchen. Auch hatten die Oesterreicher anfänglich nur wenig Geschütz. Gegen 12 Uhr Mittags begann die Kanonade, und obgleich die Franzosen den Oesterreichern an schwerem Geschütz überlegen waren, so zogen sich die Letztern doch erst gegen 3 Uhr vom Schaukelgraben auf den Colmberg zurück, der beinahe zwischen Holzhausen, Liebertwolkwitz und Seifertshain in der Mitte liegt. In dieser Stellung, wo man die ganze umliegende Gegend überschauen und beherrschen kann, behaupteten sie sich gegen alle Angriffe der Franzosen, und thaten mit ihrem Geschütze, das nach 3 Uhr mit einigen Kanonen vermehrt wurde, dem Feinde vielen Schaden. Liebertwolkwitz wurde mehrmals erstürmt, aber die Oesterreicher wurden immer wieder herausgeworfen. Endlich behaupteten sich die Franzosen darin, und gegen 5 Uhr zogen sich die Oesterreicher eine Stunde weit zurück. Die Franzosen drangen vor und besetzten Kleinpösna, wo sie alles ausplünderten. Die Einwohner ergriffen allenthalben die Flucht. So viele Kanonenschüsse auch fielen, so war die Anzahl der Todten auf beiden Seiten doch nicht eben groß.

Den 15ten war es ganz ruhig, und die Franzosen hatten um so mehr Gelegenheit, Holzhausen und andere Dörfer auszuplündern. Der Morgen des 16ten Octobers brach an; von fern her hörte man ein Brausen, wie bei einem herannahenden Gewitter. Die Armeen waren von allen Seiten in Bewegung. Die Franzosen standen in ihrer Stellung bei Holzhausen und Liebertwolkwitz mit vorgeschobenen Posten. Nicht lange darauf sah man die Anhöhen bei Fuchshain und Großpösna mit verbündeten Truppen besetzt. Auf der Straße von Grimma her kamen unübersehbare Züge russischer und österreichischer Reiterei und gingen durch Seifertshain und Kleinpösna hin.

Gegen 9 Uhr begann der große Kampf, von dem die Befreiung Deutschlands von der Uebermacht der Franzosen abhing. Von beiden Seiten kämpfte man sehr tapfer und bot alles zur Erringung des Siegs auf. Die Franzosen gewannen Terrain, und gegen Mittag drangen sie mit Uebermacht von Holzhausen und Kleinpösna gegen Seifertshain vor. Sie eroberten die schöne Stellung auf dem Colmberge und drängten die Oesterreicher in die Ebene zwischen Seifertshain und Fuchshain zurück. Von Kleinpösna aus, das links von der Straße nach Grimma liegt, waren sie durch das Höhholz über den Thränengraben gegangen, um die Oesterreicher zu umgehen, und ihnen in den Rücken zu kommen, allein ihr Vorhaben wurde durch den Hettmann, Grafen Platow, der so eben auf der äußersten Spitze des rechten österreichischen Flügels eingetroffen war, vereitelt und die vom Colmberge bis an den Königsbach Vorgedrungenen wurden durch diese Reiterei zurückgeworfen. Indessen hatten sich die Franzosen von Holzhausen her Seifertshain immer mehr genähert und gegen 5 Uhr gelang es ihnen, durch die um das Dorf gemachten Verhaue in dasselbe einzudringen. Beinahe eine Stunde lang hatte der Kampf in ihm gedauert, wobei 2 Bauergüter abbrannten, als das österreichische Regiment Zach im Sturmschritte anrückte, es eroberte und fortwährend behauptete. Das Regiment Zach war vor dem Dorfe aufgestellt und blieb die ganze Nacht unter dem Gewehre; die Franzosen standen nur einen halben Kanonenschuß weit entfernt. Sie gewannen am 16ten auf dieser Seite und nach Wachau hin allenthalben Terrain und die Verbündeten mußten sich etwas zurück ziehen. Der 17ten war wieder ein Ruhetag.

Den 18ten begann die Schlacht um 8 Uhr Morgens. Die Oesterreicher drangen von Seifertshain vor, nahmen den Colmberg, und um Holzhausen entspann sich ein blutiger Kampf, der hier bis gegen 2 Uhr dauerte.

Nirgends wurde den 18ten Vormittags so wüthend gefochten, als hier, wo der Marschall Macdonald dem General Klenau gegenüber stand.

Das Dorf Holzhausen wurde mehrmals erobert und gieng wieder verloren. Die Oesterreicher standen auf der Ostseite, die Franzosen auf der Westseite; jene drangen von Norden und Osten her ein, und diese suchten sie wieder daraus zu vertreiben, und wäre Macdonald nicht von Probstheyda, Baalsdorf und Zweinaundorf her überflügelt worden, so würde er sich wahrscheinlich noch nicht zurück gezogen haben. Die österreichischen Regimenter Würtemberg und Kerpen griffen das Dorf unter dem Generale de Best mehrmals an und nach großen Anstrengungen gelang es ihnen, sich darin zu behaupten. Die zwölfpfündigen Batterien des Generals Lindhorst unter der Leitung des Obersten Pekunoff fügten den Franzosen einen großen Schaden zu, und erleichterten die Eroberung ... Der Oberste O'Brien von Kerpen wurde hier schwer verwundet. Die Franzosen unter Macdonald zogen sich nach Stötteritz zurück, und die Oesterreicher rückten ihnen, der rechte Flügel unter den Befehlen des Fürsten Hohenlohe-Bartenstein, der linke unter der Leitung des Generals Baron Mayer auf die Höhe gegenüber von Stötteritz nach. Der rechte Flügel verband sich gegen Zweinaundorf hin mit der Colonne des Generallieutenants Doktorow.

…Bei dem mehrmaligen Sturme am 18ten October gerieth das Dorf Holzhausen in Brand, das ohne die Kirche 22 Brandstellen aufzuweisen hat. In diesem Dorfe befinden sich mehrere sehr große Bauergüter und im Herbste des vorigen Jahres waren sie noch nicht aufgebauet. Mehrere große Wohnungen standen gänzlich verödet da; in den Höfen war Gras gewachsen, die Bäume an den Mauern, den Ställen und Scheunen waren verbrannt, kein lebendiges Wesen zeigte sich da, und die Lehmmauern waren von der Hitze des Feuers zersprungen.

Die Ansicht von Holzhausen ist mitten im Dorfe vor der Kirche aufgenommen, die ganz allein steht, durch Granaten in Brand gesteckt worden ist, und von der bloß noch die Mauern vorhanden sind. Auf dem Schlachtfelde von Leipzig sind drei Kirchen ganz zerstört worden: 1) in Holzhausen, 2) in Probstheyda und 3) in Schönfeld. Die Ansicht der zerstörten Kirche ist der Natur ganz getreu. Nirgends auf dem Schlachtfelde von Leipzig war im vergangenen Jahre so viel Feld unangebauet geblieben als in Holzhausen, weil die Eigenthümer von mehreren Gütern sogleich nach der Schlacht gestorben waren. Nach der Schlacht schaffte das Dorf Holzhausen 3600 Kanonenkugeln von jedem Caliber nach Leipzig und erhielt für das Stück 1 Gr. An Todten hat der Wirt allein 45, die in seinem Hause gestorben waren, hinter seiner Scheune begraben.

Zweinaundorf

Das Dorf Zweinaundorf liegt gegen Osten von Leipzig fünf Viertelstunden davon, hat etwa 170 Einwohner, ein Rittergut, das dem Hofrath Hommel in Dresden gehört,eine Kirche, und wird im Sommer wegen der ländlichen Partien fleißig von den Bewohnern Leipzigs besucht.

Schon vierzehn Tage lang vor der Schlacht waren die französischen Truppen, die in und um Leipzig herum standen, nach einigen Gegenden zu sehr eingeschränkt, und mußten ihren Unterhalt bloß von den in der Nähe der Stadt gelegenen Dörfern ziehen. Vorzüglich begann die Bedrückung ihrer Einwohner und ihre Aussaugung und Ausplünderung vom 29. September 1813 an, wo der Marschall Marmont mit seinem Corps aus der Gegend von Meissen her ganz unerwartet eintraf und sich in der hiesigen Umgebung herumtrieb. Die Anzahl der Truppen nahm nunmehro von Tage zu Tage zu und seit dem 10. Oct. wurde sie immer größer. An Magazine war nicht zu denken; die Soldaten lebten von den Dörfern, wo sie bivouakirten oder vor denen sie vorbeizogen, und das

Schicksal, das nunmehro diese traf, war über alle Beschreibung schrecklich. Die Einwohner wurden anfänglich bedrückt, dann gemißhandelt und endlich zur Flucht genöthigt. Zuerst holte man Lebensmittel und das Futter aus den Dörfern, dann trieb man das Vieh fort und trug alles Holzwerk in die Bivouaks, brach die Treppen ab, hob die Thüren aus und riß die Balken heraus; hierauf raubte man den Einwohnern ihre Kleider, ihr Geld und alle Sachen von Werth, und endlich plünderte man sie gänzlich aus und ließ den Unglücklichen nichts weiter als die Augen zum Weinen. Ein solches grausames Geschick hatten beinahe alle Dörfer auf dem Schlachtfelde und in dessen Nähe, und kaum einer der Bewohner erhielt noch das, was er auf dem Leibe trug.

Zweinaundorf wurde wie andere Dörfer von raubsüchtigen und hungrigen Soldaten ausgeleert, und wenn auch den 16ten October seine Gefielde vor Blutvergießen verwahrt wurden, so flüchteten sich doch mehrere Soldaten aus der Schlacht dahin, und den 17ten fanden sich in demselben und nach Baalsdorf und nach Holzhausen hin viele Truppen ein, welche die Gegend besetzten. Der 18te October war der Tag, wo in Zweinaundorf wüthend gekämpft und ein großer Theil desselben in Asche gelegt wurde.

Am frühen Morgen standen die Franzosen nach Baalsdorf vorwärts, das gegen Mittag genommen wurde. Sie zogen sich darauf nach Zweinaundorf zurück, gegen das der General Paskiewitsch mit den Russen anrückte. Die Franzosen vertheidigten es, die Russen drangen in dasselbe ein, wurden aber wieder hinausgetrieben und so wurde es mehrmals verloren und wieder erobert. Während dieses blutigen Kampfes gerieth das Dorf durch Haubitzgranaten in Brand, und die Flammen haben 10 Häuser verzehrt. Unter diesen sind das Rittergut; das Uebrige sind Bauergüter. Gegen 2 Uhr Nachmittags behaupteten sich die Russen im Besitze dieses Dorfs, eroberten auch Mölkau und drängten die Franzosen gegen Stötteritz hinauf und nach Leipzig zu.

Die Erstürmung Zweinaundorfs kostete vielen Menschen das Leben, und nun hatte auch der gewaltige Kampf bei Probstheyde und bei Paunsdorf begonnen. Am Abende der Schlacht hatten die Franzosen noch Stötteritz, Reudnitz und Volkmarsdorf besetzt, und deckten auf diese Art Leipzig. Vor einem Jahre waren in Zweinaundorf schon mehrere Häuser wieder aufgebauet; in einem Bauerhause hatte man in der Fronte drei Granaten und einige Kanonenkugeln eingemauert. Das Rittergut wurde ebenfalls aufgebauet und das Denkmal, das der berühmte Jurist Hommel vier der größten Wohlthäter der Menschheit gesetzt hatte, lag auf dem Dorfe unter Trümmern und Schutt zerstört da; das Fußgestelle lag von der Spitzsäule entfernt, die Letztere war aber noch ganz.

Zweinaundorf.

Die Ansicht, welche wir hier von Zweinaundorf liefern, ist auf dem Wege nach Leipzig zwischen der Kirche und der Schule aufgenommen. Die Kirche war durch mehrere Kanonenkugeln beschädigt, und wenn man von diesem Dorfe nach Holzhausen hinauf geht, so hat man einen großen Theil des Kampfplatzes des 18ten Octobers vor sich. Man stößt noch an vielen Stellen auf Ueberreste der blutigen Gefechte, und die Spuren der Zerstörung erblickt man an mehreren Stellen, an Gebäuden, Bäumen und Gebüschen.

Stötteritz

Das Dorf Stötteritz liegt gegen Südosten, drei Viertelstunden von Leipzig, ist Eines der größten des Kreisamtes, hat zwei Rittergüter und gegen 1 000 Einwohner. Vor und während der Schlacht hat dies Dorf außerordentlich gelitten. Den 13ten October sammelten sich viele Truppen in seiner Nähe, die sich zwischen ihm und Probstheyde, so wie nach der holländischen Windmühle vorwärts, lagerten. Was diese Truppen brauchten, das suchten sie in den nahen Dörfern auf. Den 14ten Nachmittags um 3 Uhr, während des Gefechts zwischen Wachau und Liebertwolkwitz, drangen die Fanzosen ins Dorf ein und plünderten es aus. In wenigen Stunden war nichts mehr von Lebensmitteln vorhanden, und der größte Theil der Einwohner muße die Flucht ergreifen.

Den 15. October wurde das Plündern fortgesetzt, und man schaffte alles aus dem Dorfe hinaus in die Lager. Hier trieb ein Soldat Vieh vor sich her, dort trug ein Anderer Pflaumenmus und Obst hinaus; weiterhin kamen lange Reihen, welche die Korn-, Weitzen-, Gerste- und Hafergarben hinaus trugen. Alle Stackete, Planken, Thüren und Fensterladen wurden gewaltsam abgebrochen, selbst Commoden und Schränke blieben nicht verschont; auch sie wurden zerschlagen und den Flammen übergeben. An diesem Tage war bei diesem Dorfe zu Mittage auch Musterung, welcher der Kaiser Napoleon und der König von Neapel beiwohnten. Die Truppen bestanden meistentheils in Reiterei.

Den 16. October wurden Kanonen an der Windmühle aufgepflanzt, mehrere Andere giengen nach Holzhausen ab. Während der Schlacht, welche heute dies Dorf nicht berührte, indem es im Rücken der Armeen lag, fanden sich stets Soldaten in demselben ein, durchsuchten alles in den Häusern, und wenn sie einmal eines Einwohners habhaft wurden, so ließen sie ihn nicht wieder los.

Den 17. October strömten die Franzosen in Schaaren nach Stötteritz, wo nunmehro sich auch ein Theil der jungen Garde einfand. Bei dem Getümmel, das an diesem Tage im Dorfe herrschte, und bei dem Mangel an Lebensmitteln, an welchem alles litt, ereignete sich mancher sonderbare Auftritt. Bei einem Brannteweinbrenner lag ein General von der Garde und zwei Obersten, nebst mehrern Adjutanten. Der Besitzer des Hauses war allein noch zugegen und besaß an Lebensmitteln weiter nichts mehr als etwas Kartoffeln und einige Flaschen Branntewein, die er sorgfältig vergraben hatte und die bis jetzt unentdeckt geblieben waren, so viele Geschicklichkeit die Franzosen auch im Aufsuchen der versteckten Sachen besaßen. Der General und die beiden Obersten quartirten sich in die obere Stube, die Adjutanten aber in die untere ein, nachdem sie eine Menge gemeiner Soldaten aus derselben hinausgetrieben hatten. Nun verlangten sie von ihrem Wirthe zu essen; dieser aber sagte, er habe durchaus nichts weiter als etwas Kartoffeln und zwei Flaschen Branntewein, die er verborgen habe; dies wolle er ihnen geben. Einer von den Adjutanten brachte ihm nun einige Stückchen Butter und befahl ihm, er solle Kartoffeln in Butter braten. Hierzu mußte er sich verstehen, so wenig er auch mit der Zubereitung der Speisen bekannt war, und in der Küche alles gehörig zubereiten; den Branntewein hatte er auch herbei geholt und an den Ofen in der Stube hinter den Tisch gestellt. Während er die Kartoffeln briet, strömte eine Menge Leute von der jungen Garde durchs Haus und den anstoßenden Garten, so daß man sie kaum abhalten konnte. Der Wirth rief um Hülfe und gab zu verstehen, daß das, was er zubereite, für ihre Obern sey, allein dies fruchtete nichts. Sie drängten sich an die Kartoffeln, langten sie heraus und ließen sich dieselben gut schmecken. Mittlerweise hatte man auch die Stube geöffnet und der Branntewein war verschwunden. Der General und die beiden Obersten fluchten und mußten sich mit bloßen Kartoffeln und ein wenig Salz begnügen.

Wer die Franzosen hat plündern sehen, der wird wissen, daß sie selten oder nie auf eine Vorstellung hören, die man ihnen macht, so vernünftig sie auch seyn mag. Dinge, die sie gar nicht brauchen konnten und die ihnen zu nichts nutzten, wurden von ihnen dennoch zertrümmert. Dies thaten sie mit einer solchen Ruhe, als ob sie das größte Recht dazu hätten. Da es vorzüglich an Holz fehlte, so wurden mehrere Häuser in Stötteritz abgebrochen und das Holz davon in den Bivouaks verbrannt. Zwei Leichenbaaren, die sie in der Halle der Kirche fanden, wurden sammt dem Leichentuche ein Raub der Flammen. Ein kleines Hölzchen, das am Anfange des Dorfs nach Osten hin steht, wurde fast gänzlich umgehauen. Genug, man kann sich kaum eine Vorstellung von der Art machen, wie den ganzen 17. October hindurch gehauset wurde, wo sich in und um Stötteritz eine große Anzahl Truppen befand.

Bis jetzt war Stötteritz noch kein Schauplatz des Kampfes gewesen, allein den 18. October zog sich das Gefecht bis ins Dorf. Eine außerordentlich große Menge Truppen stellte sich zwischen Stötteritz und Probstheyde auf dem Felde auf, wo dieselben Nachmittags an den beiden Seiten des letztern Dorfs hervorbrachen, die Preussen und Russen aufhielten, dann zurück getrieben wurden, aber immer wieder vorstürzten, bis nach 4 Uhr die Erstürmung Probstheydes aufgegeben wurde und sich die verbündeten Truppen etwas zurückzogen.

Auf den Höhen des Dorfes Stötteritz stellten sich allenthalben Soldaten auf, und als der Marschall Macdonald Holzhausen verließ, zog er sich auf Stötteritz zurück. Das österreichische Corps unter dem General Grafen Klenau folgte ihm, und sein rechter Flügel unter dem Fürsten Hohenlohe-Bartenstein, sein linker unter der Anführung des Baron Mayer rückte auf die Anhöhe von Stötteritz vor. Der rechte Flügel verband sich gegen Zweinaundorf hin mit der russischen Colonne unter dem General Doctorow. Der Marschall Macdonald stellte sich in Stötteritz und an demselben auf. Die österreichischen Kugeln flogen bis ins Dorf, das an einigen Stellen in Brand gerieth. Das Feuer verzehrte 13 Häuser. So muthig aber auch die Oesterreicher vordrangen, so behaupteten doch die Franzosen ihre Stellung. Der Kaiser Napoleon, der sich am heutigen Tage bald bei der holländischen Windmühle, bald auf der Anhöhe nach Probstheyde hinauf befand, kam des Nachmittags auch auf kurze Zeit nach Stötteritz.

Als die Nacht einbrach und die Franzosen durch den heutigen Kampf in dieser Gegend auf die Dörfer Connewitz, einen Theil von Lösnig, und auf Probstheyde beschränkt waren, strömte alles nach Stötteritz. Mehrere hundert von der Garde lagerten auf dem Todtenacker. Der Marschall Macdonald hatte sein Quartier in einem Hause nahe an der durchgehenden nach Grimma führenden Straße.

Die Thüren, welche zur Kirche führen, waren schon vor mehreren Tagen erbrochen und verbrannt worden. Noch aber waren die auf alle Art verwahrten Thüren, die in die Sakristei führen, unversehrt, allein in der Nacht des 18ten,

wurden auch diese von der Ehrengarde mit der größten Gewalt erbrochen, wobei sie mehrere Stunden zubrachten. Jetzt wurde alles, was in der Sakristei verwahrt war, ein Raub dieser Menschen. Es wurde ein goldener Kelch und eine bedeutende Summe Geldes gestohlen.

Den 19. October mit dem frühesten Morgen stand alles schon unter den Waffen. Die Franzosen waren im völligen Rückzuge durch und um Stötteritz und auf der Straße nach Probstheyde herunter. Durch das Dorf gingen viele Kanonen. Mehrere Pferde wurden im Fahren niedergeschossen. Andere stürzten aus Kraftlosigkeit vor den Kanonen nieder. Die ganze Straße, die durchs Dorf führt, war mit todten Menschen und Pferden bedeckt.

Um 8 Uhr Morgens begann die Kanonade; die Verbündeten drangen über Probstheyde vor, und die Franzosen eilten nach Leipzig zu. Selbst im Fliehen stürzten sie Haufenweise nieder. Die Verbündeten besetzten das Dorf und rückten zur Eroberung der Stadt vor. Außer den 13 abgebrannten Häusern waren einige vierzig so verwüstet, daß sie ganz unbewohnbar waren.

Das Dorf Stötteritz ist auf dem Wege, der vom Thonberge dahin führt, auf dem Felde aufgenommen, wo man einen großen Theil desselben überblickt. Nicht von dieser Seite her, sondern auf jener, wo die Straße von Grimma ins Dorf herein geht, ist dieses am 18ten beschossen worden.

Der heitere Blick

Der heitere Blick ist ein Vorwerk nordöstlich von Leipzig 1 ½ Stunde davon entfernt, und gehört dem geheimen Cammerrathe Frege in Leipzig. Es liegt an der Straße nach Taucha und Eilenburg, und in seiner Umgebung begann den 18. October der Kampf, als der Kronprinz von Schweden gegen Paunsdorf vorrückte. Das Städtchen Taucha hatten die Kosaken schon den 17ten besetzt, allein sie wurden wieder daraus vertrieben.

Gegen 9 Uhr des Morgens, den 18. October, kam der Kronprinz von Schweden mit seinem Gefolge über Seehausen nach Plaußig, und gieng dann auf den Kirchberg in Segeritz, wo er geraume Zeit verweilte. Er ließ den Bewohnern dieser Dörfer sogleich bekannt machen, daß sie in große Gefahr kommen könnten, das Leben zu verlieren, wenn sie nicht auf eine schleunige Flucht bedacht wären und sich hinter feste Plätze verbergen könnten, weil er sich schlechterdings genöthigt sähe, um den Uebergang über die Parde zu bewirken, den jenseits derselben auf den Portitzer Anhöhen aufgestellten Feind durch Kanonen zu vertreiben.

Der heitere Blick.

Dieser bestand größtentheils aus Sachsen und Würtembergern, welche das Ende des französischen linken Flügels bildeten, der seine Richtung nach Taucha hin hatte. Schon waren sowohl auf den Plaußiger Feldern als auch auf dem Kirchberge zu Segeritz Kanonen aufgeführt, als die auf den Portitzer Anhöhen stehenden Truppen zu den Verbündeten übergiengen. Es wurden nunmehro über die Parde Brücken geschlagen.

Die Schweden giengen zwischen Plaußig und Segeritz über, der russische General Woronzow setzte durch eine Furth bei Graßdorf und der preussische General von Bülow und der General Winzingerode marschirten auf Taucha und gingen hier über. Der General Pahlen bemächtigte sich dieses Städtchens, das von Sachsen besetzt war; die russische Reiterei gieng vor und vereinigte sich mit dem Vortrabe des Grafen Neipperg, der eine Brigade der österreichischen Division Bubna befehligte.

Als die russische Reiterei unter dem General Pahlen gegen den heiteren Blick anrückte, gerieth dass Vorwerk in Brand. Um dasselbe standen Franzosen mit einigen Batterien, welche sich nach Paunsdorf zurückzogen. Man weiß nicht gewiß, wer es angezündet hat, allein man ist allgemein der Meinung, daß es von den Franzosen angesteckt worden sey, die sich hinter den Mauern desselben versteckten, daselbst hervor schossen und sich dann zurückzogen. Es war gegen 11 Uhr Vormittags, als der heitere Blick in Brand gerieth. Nach 1 Uhr drang der Kronprinz von Schweden mit seiner Armee rechts und links vor dem heitern Blicke vor bei, und machte sich zum Angriffe auf Paunsdorf bereit. Die Franzosen, welche in der hiesigen Gegend waren, standen unter den Befehlen des Marschalls Ney.

Der heitere Blick liegt ganz einzeln im Felde auf einer Erhöhung, und gewährte sonst, als er noch in seiner Herrlichkeit da stand, einen angenehmen Anblick. Die Scheune und ein Seitengebäude sind gänzlich verschwunden; das andere gegenüber liegende Seitengebäude war von Stein erbauet, und von diesem stehen noch die Mauern mit gothischen Fenstern. Das Wirthshaus ist wieder aufgebauet, aber die Bäume sind beinahe gänzlich abgehauen.

Die Ansicht des heitern Blicks ist auf der Landstraße nach Taucha aufgenommen, das man im Hintergrunde erblickt, und gewährt eine sprechende Aehnlichkeit. Zugleich sieht man dabei einen Nachtrab des verbündeten Heeres, der seinen Marsch nach Leipzig zu nimmt.

Lindenau

Das Dorf Lindenau liegt gegen Westen eine halbe Stunde von Leipzig entfernt an der Luppe, und hat etwa 150 Einwohner. Es gehört dem Stadtrathe von Leipzig, und war den 16. October der Ort, um dessen Besitz sich beide Parteien mit großer Erbitterung schlugen. Es wurde von dem 4ten französischen Armeecorps unter dem General Bertrand vertheidigt, der anfänglich Bonaparte nach der Insel Elba gefolgt war, und ihn jetzt nach der Insel St. Helena begleitet.

Schon beinahe vierzehn Tage vor der Schlacht bei Leipzig war Lindenau immer von Franzosen besetzt, weil man Besorgnisse gegen die Kosaken hegte, die sich bald von Weißenfels, bald von Merseburg her sehen ließen. Das Dorf litt dadurch außerordentlich; das Vieh wurde weggeführt und geschlachtet; aus den Scheunen wurden die Getreidegarben weggetragen und den Einwohnern nahm man, was sie an Lebensmitteln besaßen. Alle Truppen, welche von Frankreich nach Leipzig oder durch diese Stadt marschirten, zogen durch Lindenau. Vorwärts Lindenau hatten die Franzosen vier Redouten errichtet, in denen sie eine Menge Geschütz aufgeführt hatten. In der Einen, oberhalb Plagwitz, rechts am Wege nach Kleinzschocher, befanden sich Kanonen von sehr großen Caliber, welche ein ungeheures Getös machten, das vorzüglich stark in Leipzig wiederhallte. Durch diese vier Redouten war Lindenau gedeckt und das Anrücken der Verbündeten außerordentlich erschwert. Um diese Redouten bildeten diese beinahe einen Zirkel, der an der Elster nach Schleußig zu anfieng, an dem Tannenwäldchen und dem Steinbruche bei Kleinzschocher vorbeilief und in weiter Entfernung über die Felder nach Leutsch hin gieng.

Die Verbündeten rückten den 15ten in diese Gegend ein, besetzten den 16ten Kleinzschocher, und der Kampf begann gegen das vierte französische Corps und um den Besitz von Lindenau an eben diesem Tage halb elf Uhr Vormittags und dauerte ununterbrochen bis um sechs Uhr Abends. Das Corps der Verbündeten, welches hier vorrückte, bestand hauptsächlich aus Oesterreichern, welche von dem Feldzeugmeister, Grafen Giulay als Obergeneral befehligt wurden, und marschierte in drei Colonnen vor.

Die Colonne links, welche der Prinz Philipp von Hessen-Homburg anführte, kam von Markranstädt, vertrieb die Franzosen aus Leutsch, und aus dem Holze und von den Wiesen zwischen diesem Dorfe und Lindenau, und rückte an die Luppe heran. Der General Czolich drang aus Kleinzschocher heraus, stellte sich an diesem Dorfe auf, und suchte von hier sich Plagwitz'ens und Lindenaus zu bemeistern. Die Zwischenverbindung dieser beiden Theile wurde theils von Reiterei unter dem General Thielemann, theils durch Fußvolk unterhalten.

Das Treffen begann an dieser Stelle mit einer heftigen Kanonade, die Scharfschützen zeigten sich an der Elster hinunter, Kosaken schwärmten herum, und ob schon die Oesterreicher von Kleinzschocher aus mehrmals vorzudringen suchten, so behaupteten sich die Franzosen doch in ihrer Stellung, bis Nachmittags zwischen 4 und 5 Uhr, wo jene mehr Terrain gewannen, Plagwitz beschossen, aber sich doch bald wieder zurückziehen mußten und die Franzosen ihre Stellung wieder einnahmen.

Nicht so glücklich waren die Franzosen auf den anderen Seiten von Lindenau. Auf der Wiese hinter dem Garten des Doctors Sickel, in dessen Mauern die Franzosen Schießscharten gemacht hatten und den sie sehr hartnäckig vertheidigten, gelang es den Oesterreichern nach großer Anstrengung, in das Dorf einzudringen, allein die Franzosen eilten von der Schenke, an dem Deiche vorbei, mit vielem Geschütze heran, und der Sturm der Oesterreicher mißlang. Sie machten noch einen Versuch, aber auch dieser fiel nicht glücklicher aus und sie überzeugten sich nun, daß dies Dorf, das die Franzosen als einen Brückenkopf betrachteten und sehr stark besetzt hielten, nicht zu behaupten sey.

Während der Erstürmung Lindenaus entstand zweimal Feuer im Dorfe; das erste Mal zu Mittage und das andere mal halb 5 Uhr Nachmittags. Die Franzosen bekamen von Leipzig aus häufig Verstärkung, welche auf der Chaussee hinauszog; zwischen dem Kuhturme und der hohen Brücke bewegten sich langsam stets französische Truppen hin und her; Geschütz und Mannschaften standen hier beständig in Bereitschaft, um sogleich jeden Unfall wieder gut zu machen; denn wären die Oesterreicher Herren von Lindenau geworden, und hätten sie über die Arme der Elster zu gehen vermocht, so würden sie schon den 16. October nach Leipzig gekommen seyn. Die Franzosen waren über diesen Punkt in großer Besorgniß, und wandten alle Aufmerksamkeit auf denselben, um nicht ganz abgeschnitten zu werden.

An der Luppe hinunter auf den Wiesen und zwischen den Bäumen und dem Gebüsche wurde unaufhörlich und mit großem Eifer geplänkelt; das Kleingewehrfeuer, das im Thale wiederhallte, brachte ein Getös hervor, das wie eine ungeheuer große Anzahl von Oelstampfen klang, welche recht eifrig arbeiten. Bisweilen fielen Kanonenschüsse darein, die recht eilig zu haben schienen, und gegen fünf Uhr Nachmittags geschahen mehrere Flintenschüsse unten auf der Weide zwischen dem Kuhthurme und der alten Ziegelscheune; es schien, als ob es hier einigen Plänklern gelungen sey, über die Luppe und das so genannte Coburgerwasser zu kommen und weiter nach der Stadt herein zu gelangen; indessen hörte das Feuern hier bald wieder auf, allein an der Luppe herunter dauerte es bis in die Nacht ununterbrochen fort.

Gegen Abend versuchten die Franzosen zweimal gegen Kleinzschocher hin vorzudringen, allein die russischen Obersten Orloff und Bock zwangen sie wieder zum Rückzuge. Die Verbündeten waren hier wahrscheinlich nicht zahlreich genug; bald rückten sie an, bald wichen sie wieder zurück; ihr Geschütz zog sich bald da- bald dorthin, jenes ausgenommen, welches gegen die vier Redouten gerichtet war.

Den 17ten hatte sich ein großer Theil der Oesterreicher nach Knauthain und nach Markranstädt hin zurückgezogen, und die Gegend zwischen Lindenau, Schönau, Leutsch und Kleinzschocher war meistens bloß mit Reiterei besetzt, welche hin und her schweifte. Die Franzosen waren ruhig, wie ihre

Gegner, und erholten sich für die großen Anstrengungen durch die Plünderung von Lindenau. Den 18ten Morgens um 3 Uhr kam Napoleon nach Lindenau und besprach sich mit dem General Bertrand; wahrscheinlich hatte er diesem den Befehl zum Rückzuge auf Weißenfels gegeben, den derselbe um 10 Uhr Vormittags aus Lindenau auf der Straße nach Lützen hin antrat. Ein kleiner Theil seines Corps rückte nach Kleinzschocher vor, vertrieb die Oesterreicher aus diesem Dorfe und besetzte es. Nachdem der Rückzug des Bertrandschen Corps aus Lindenau heraus beendigt war, kam zahlloses Gepäck auf der Chaussee von Leipzig her, das den andern Armeecorps gehörte, welche es früh nach 8 Uhr verlassen hatte, da es um 9 Uhr in Leipzig anlangte und sein Zug in größter Eil bis Nachmittags durch die Vorstädte nach dem äußersten Ranstädter Thore hin fort dauerte.

Des Nachts begann der Rückmarsch der großen Armee, und dauerte den 19ten Vormittags bis zu Mittage durch Lindenau fort. Gegen 12 Uhr Mittags kam Napoleon nach diesem Dorfe, wo er in der Mühle einkehrte, eine Stunde daselbst blieb und dann zu seinem Heeren abgieng, das sich zwichen Lindenau, Schönau und Leutsch gelagert hatte und von da gegen 3 Uhr aufbrach. Es zog in zwei ungeheuren Colonnen zu beiden Seiten der Straße nach Markranstädt zu, und die Anzahl der Truppen, welche ich abmarschieren sah, war noch sehr groß. In der Nähe von Lindenau waren alle Brücken theils gesprengt, theils abgebrochen, und die Verbündeten konnten den 18ten Abends bloß bis zum Kuhthurme kommen, den sie besetzt hielten. Die Franzosen waren noch in Lindenau, das sie erst den 20sten des Morgens um 1 Uhr gänzlich verließen.

Lindenau hat in der Schlacht sehr viel durch Plünderung und Brand gelitten. Mehrere Häuser waren fast gänzlich abgebrochen und zerstört und fünf abgebrannt. Die Ansicht dieses Dorfes ist auf der Wiese unweit der letzten Brücke, welche von den Franzosen zerstört worden, aufgenommen. Die Landstraße führt über diese Brücke durchs Dorf, links liegt die Mühle, und das Vordergebäude derselben ist das Haus, wo Napoleon nach seinem Abzuge aus Leipzig abstieg, rechts liegt der Gasthof und am Rande, ebenfalls rechts, der sogenannte Postillion, welcher jetzt ein Privathaus ist und dem Kaufmanne Hrn. Hänel in Leipzig gehört.

Vogelansicht des Schlachtfeldes von Leipzig.

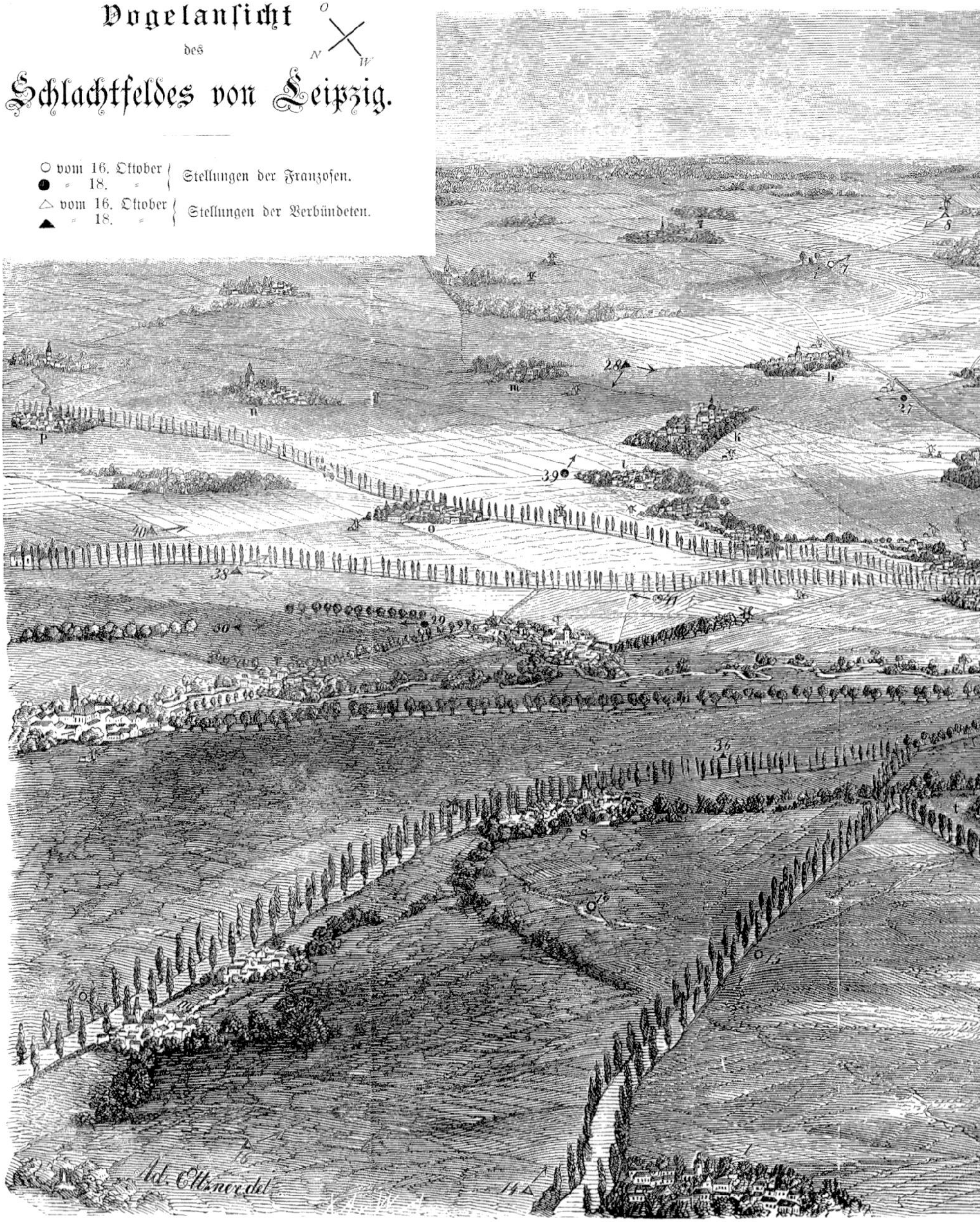

Der 16. Oktober 1813. Schlachtfeld bei Wachau.

Französische Linie.

○ 1 Victor, Herz. v. Belluno, II. Korps, 20 000 M.
○ 13 Oudinot, Herzog v. Reggio, 3. u. 4. Div. d. jungen Garde, 12 000 M.
○ 3 Augereau, Herzog v. Castiglione, IX. Korps, 10 000 M.
○ 11 Fürst Poniatowsky, VIII. Korps, 8000 M.
○ 5 Graf Lauriston, V. Korps, 15 000 M.
○ 9 Mortier, Herzog von Treviso, 2. Div. d. jungen Garde, 12 000 M.
○ 7 Macdonald, Herzog von Tarent, XI. Korps, 15 000 M.

Linie der Verbündeten.

△ 2 Prinz Eugen von Württemberg, 10 000 M.
△ 4 General von Kleist, 10 000 M..
△ 12 General Bianchi, österr. Reserve, 15 000 M.
△ 10 Graf Pahlen, III. 3000 M.
△ 6 Fürst Gortschakoff, 9000 M.
△ 8 General Klenau, IV. österr. Korps, 24 000 M.

Bezeichnung der Orte.

A Wachau. *a* Döfen. *b* Markkleeberg. *c* Gröbern. *d* Göhren. *e* Güldengossa. *f* Universitätsholz. *g* Liebertwolkwitz. *h* Groß-Pößna. *i* Colmberg. *o* Galgenberg mit Denkmal.

Der 16. Oktober. Schlacht bei Möckern.

Französische Linie.

○ 25 Marmont, Herz. v. Ragusa, VI. Korps, 18 000 M.
○ 17 Gen. Lagrange, II. Div.
○ 15 Gen. Compans, I. Div.
○ 19 Gen. Frederic, III. Div.
○ 21 General Dombrowsky, Souham, Delmas, vom III. Korps, 12 000 M.

Linie der Verbündeten.

General von Blücher, schlesische Armee, 60 000 M., als:

△ 20 Generallieut. v. I. preußisches Arme 21 500 M.
△ 18 General von 9000 Reiter.
△ 14 Generallieut. St. 12 000 M. Russen.
△ 16 General Graf Lar 18 500 M. Russen.

Bezeichnung der Or

B Möckern. *k* Wahren. ienthal. *m* Groß-Wied

Für die zwei Schlachten von Wachau und Möckern und das Gefecht von Lindenau am 16. Oktober, sind die betref enden Dörfer mit liege

6 Oktober. Gefecht bei Lindenau.

Französische Linie.

neral Bertrand, IV. Korps, 10 000 M.

Linie der Verbündeten.

neral Graf Gyulai, III. österr. Korps,
M.

inz v. Hessen-Homburg, I. Kolonne und
rr. Korps.

rst Moritz Liechtenstein, I. österr. leichte
, 5500 M.

Bezeichnung der Orte.

C Lindenau. *n* Leutzsch.

Der 18. Oktober. Schlacht und Sieg bei Leipzig.

Französische Linie. ● 33 Poniatowsky, Augereau, VIII. und IX. Korps. Oudinot, III. und IV. Div. d. jungen Garde, 30 000 M. — ● 31 Victor, Lauriston, II. u. V. Korps, 30 000 M. — ● 27 Macdonald, XI. Korps, 12 000 M. — ● 39 General Reynier, VII. Korps 10 000 M. — ● 41 Ney, Fürst v. d Moskwa, linker franz. Flügel. — ● 29 Marschall Marmont, VI. Korps, 15 000 M. (Kampf um Schönefeld.) — ● 37 General Dombrowsky, 5000 M. — ● 35 Marschall Mortier, I. u. II. Div. d. jungen Garde, 10 000 M.

Linie der Verbündeten. ▲ 34 I. Kolonne. Erbprinz v. Hessen-Homburg, später General Graf v. Nostiz, 50 000 M. — ▲ 32 II. Kolonne. General Barclay de Tolly, 50 000 M. — ▲ 28 III. Kol. General Graf v. Bennigsen, 65 000 M. — ▲ 38 IV. Kol. Carl Johann, Kronprinz von Schweden, 50 000 M. — ▲ 40 Kapitain Bogue, engl. Raketenbatterie. — ▲ 30 General Graf Langeron, 30 000 M. (Sturm auf Schönefeld.) — ▲ 36 V. Kolonne. General v. Blücher, 25 000 M.

Bezeichnung der Orte. D Leipzig. a Connewitz. b Dölitz. c Thonberg. d Napoleonstein. e Stötteritz. f Probsthaida. g Meusdorf, Monarchenhügel, Schwarzenberg's Denkmal. h Holzhausen. i Zuckelhausen. k Zweinaundorf. l Mölkau. m Baalsdorf. n Engelsdorf. o Paunsdorf. p Sommerfeld. q Schönefeld. r Abtnaundorf. s Eutritzsch. t Gohlis.

ür die Gesamtschlacht am 18. mit stehenden Buchstaben bezeichnet. Die Pfeile deuten die Richtung der betreffenden Korps-Bewegung an.

Robert Naumann, Bibliothekar und Lehrer in Leipzig

Die Zeit der Völkerschlacht erlebte Robert Naumann als Kleinkind, weshalb eigene Erinnerungen von ihm daran nicht vorliegen können. Später als Geschichtslehrer, Bibliothekar und Vorsitzender des „Vereins zur Feier des 19. Octobers" sammelte er jedoch eifrig Augenzeugenberichte, fertigte Studien zur Völkerschlacht an und förderte das Gedenken an das Ereignis.

Emil Wilhelm Robert Naumann wurde am 3. Dezember 1809 als Sohn eines Schneidermeisters in Leipzig geboren. Nach dem Studium der Theologie und Klassischen Philologie folgte 1830 die Promotion an der Universität Leipzig. Von 1835 bis 1876 war er Lehrer für klassische Sprachen, Geschichte, Geografie und Religion am Nikolai-Gymnasium in Leipzig. Neben seinem Lehramt und danach bis zu seinem Tod arbeitete er auch als Bibliothekar der Stadtbibliothek Leipzig. Er erwarb sich große Verdienste um die Katalogisierung der Bestände, so veröffentlichte er u.a. 1836–1840 den Handschriftenkatalog der Stadtbibliothek. 1840 begründete er zusammen mit dem Leipziger Verleger Theodor Oswald Weigel die erste bibliothekswissenschaftliche Fachzeitschrift unter dem Titel „Serapeum. Zeitschrift für Bibliothekswissenschaft, Handschriftenkunde und ältere Literatur".

Aus Anlass des 50. Jahrestages der Völkerschlacht veröffentlichte Naumann eine Festschrift für die Mitglieder des Vereins zur Feier des 19. Oktober 1813 unter dem Titel „Die Völkerschlacht bei Leipzig – Nebst Nachrichten von Zeitgenossen und Augenzeugen über dieselbe, Festgabe für die Mitglieder des Vereins zur Feier des 19. Oktober 1813 im Jahre 1863, Leipzig 1863", in der nachfolgendes Verzeichnis verunglückter Zivilpersonen, übermittelt von einem Zeitzeugen, enthalten ist. In den Jahren 1864 und 1869 folgten weitere Sammelbände mit den Titeln „Zum 19. October 1864, Festschrift den Mitgliedern des vor fünfzig Jahren am 19. October 1814 gegründeten Vereins zur Feier des 19. Octobers, gewidmet von dessen derzeitigem Vorsitzenden Dr. Robert Naumann, ord. Lehrer am Gymnasium zu St. Nicolai und Stadtbibliothekar, Ritter des Königlich-Sächsischen Albrechtsordens, Leipzig 1864" und „Aus dem Jahre 1813, Leipzig 1869". In Letzterem lieferte er Nachträge zu den früher aufgestellten Verzeichnissen der in der Stadt Leipzig während der Völkerschlacht verunglückten zivilen Personen, nebst „Nachricht über die Sterblichkeit in der Stadt vom October 1813 bis April 1814".

Es folgten weitere Publikationen zur Völkerschlacht und 1873 seine Ernennung zum Professor. Robert Naumann starb am 31. August 1880 in Leipzig.

VERZEICHNIS VON EINIGEN IN DER INNERN STADT AM 18. UND 19. OCTOBER VERUNGLÜCKTEN PERSONEN

Mitgetheilt von Tischlerobermeister Christian Christoph Gesell

Das hier mitgetheilte Verzeichnis ist um so wichtiger, als die gewöhnlichen Nachrichten nur einige wenige in Leipzig Verunglückte aus den Schlachttagen aufführen ...

a) Am 18. October schlug eine Kanonenkugel in das Junghans'sche Haus (Hospitalplatz, Nr. 1), nahm einen Krankenwärter, welcher am Johannis-Spital angestellt war und auf Besuch in das erwähnte Haus kam, auf dem Treppenvorsaal beide Beine weg und traf in demselben Augenblick auf demselben Saale einen jungen Menschen, Namens Munkelt, welchem die Kugel die rechte Wade und das linke Bein zerschoß, und blieb in dem jetzigen Bruns'schen Hause auf einer Bodenkammer liegen. Ersterer starb nach zwei Stunden, letzterer den elften Tag.

b) Am 18. October in den Vormittagsstunden flog eine Granate, über den Plauen'schen Hof im Brühl kommend, in die Katharinenstraße, zerplatzte, und ein Theil davon schlug dem Pferde eines in diese Straße sprengenden Chasseurs den Huf ab, ein anderer Theil verwundete die sechsjährige Tochter des Advokat Dr. Römisch (in dem damals den Quandt'schen Erben zugehörigen Hause Nr. 374, im zweiten Stock wohnhaft), welche bei dem Vater auf dem Sopha saß, dergestalt in den Arm, daß sie, nachdem der Brand hinzugekommen war, in kurzer Zeit darauf verstarb. Die Granate war an einen der vier um einen Brunnen stehenden steinernen Kegel angeschlagen und von da abgesprungen.

c) Als am 18. October Vormittags ein Bataillon französischer junger Garde in der Halle'schen Gasse (jetzt Halle'sche Straße) Gewehr bei'm Fuß stand, kam eine Granate über das Hallesche Thor geflogen, fiel auf den Sims des Engelhardt'schen Hauses und vom Dache herab auf das Wetterdach, sprang da ab und fiel zwischen drei Unteroffiziere, welche sich hinter der Fronte befanden und mit einander sprachen. Dem mittelsten davon schlug sie den Kopf in zwei Hälften, die zerspringenden Stücke verwundeten die beiden andern am Arm, und ein Stück verwundete einen Badener, der bei dem Bäcker Voigt auf dieser Straße als Schutzwache stand.

d) Am 19. October fiel in das jetzige Junghans'sche Haus auf der heutigen Schützenstraße (damals Hintergasse) Nr. 22 eine Granate und zerriß sich drehend der Tochter des herrschaftlichen Kutschers Gottfried Müller, Therese Müller, ihre ganzen Kleider. Die Betroffene wurde ohnmächtig aufgehoben, nachdem die in fünf Stücke zersprungene Kugel vielen Schaden angerichtet hatte. Der Schreck hatte auf sie so gewirkt, daß sie am neunten Tage starb.

e) Am 19. October traf auf dem Grimmaischen Steinwege (jetzt Dresdener Straße) in dem sonst Bürgerschen, jetzt Hentzeschen Hause einen Seidenwirkergesellen, Namens Hollinger, während derselbe die Hausthüre zumacht, eine durch die Thüre schlagende Flintenkugel in die Brust, worauf derselbe am andern Tage starb.

f) Ein einundachtzigjähriger Greis, der pensionierte sächsische Premierleutnant Johann Heinrich von Schmiedel (wohnhaft in der Grimmaischen Straße Nr. 679, jetzt 19, dritte Etage) wurde am 19. October von einer Kanonenkugel in seinem Alkoven getroffen und starb einige Tage darauf.

g) Der Bäckergeselle Johann Gottlob Krebs aus Leipzig, bei dem Bäckermeister Richter auf dem Petersteinwege (jetzt Zeitzer Straße) Nr. 44/846 in Arbeit stehend, ging trotz aller Warnung seines Meisters am 19. October früh auf den Mehlboden, um sich umzusehen. Eine Flintenkugel traf ihn in den Unterleib. Ein französischer Soldat, der sich im Hause verkrochen, trug ihn auf den Achseln herunter. Bei'm Herausziehen der Kugel verschied er.

h) Ein Hautboist eines polnischen Regimentes, dessen Name aber unbekannt, vor dem Peters- (jetzt Zeitzer) Thore lagernd, entfernte sich von demselben und hielt sich bis zum 19. October bei dem verabschiedeten sächsischen Hautboisten Gottlob Baer (wohnhaft im blauen Roß) auf, glaubte sich aber am 19. October nicht mehr sicher und ging zu seinem Bruder, der bei Dr. Baumann (Petersstraße, jetzt Nr. 31) wohnte, wo er durch eine Flintenkugel erschossen wurde.

Nachtrag 1864

Der Leipziger „Leichenzettel" von 1813 (16.–22. Oct.) enthält unter „Mittwochs den 20. October" folgende Angabe: „Ein Mann, 43 Jahr, Herr Carl Heinrich Polle, Acad., welcher am 18. October Abends von einem französischen Soldaten erstochen worden ist, im Hällischen Zwinger."

Bei der in den Octobertagen 1863 auf der hiesigen Stadtbibliothek veranstalteten, unten näher zu beschreibenden Ausstellung befand sich auch ein

Exemplar jenes Leichenzettels, auf welchem neben der erwähnten Begräbnisangabe handschriftlich bemerkt war: „ist der Erbauer unserers Hauses, 1803". Hiernach würde sich auch das Haus, in welchem jener Mord geschehen, ermitteln lassen.

Nachtrag 1869.
Nebst Nachricht über die Sterblichkeit in der Stadt vom October 1813 bis April 1814

Wenn man die Geschichte derjenigen Orte liest, um welche und in deren Nähe größere kriegerische Actionen stattgefunden haben, so findet man meistentheils Berichte, daß eine nicht unbedeutende Anzahl friedlicher und am Kampfe unbetheiligter Einwohner durch die Stürme der Schlacht umgekommen sind. Es gehört zu dem günstigen Geschicke, welches über unserer Stadt waltete, daß dies hier nicht in demselben Maße wie anderwärts stattfand und daß von der ungeheuern Masse der Geschosse, welche sich dicht bei unserer Stadt während des Kampfes und bei der Erstürmung derselben am 19. October in den Vorstädten entluden, nach den Umständen nur wenige Enwohner getödtet wurden.... Zur Vervollständigung der früher aufgestellten Verzeichnisse derselben sei hier bemerkt, daß noch folgende Personen in Leipzig durch die Schlacht ihren Tod fanden.

I.) Laut Leichenzettel vom 16.-22. October: Ein Jungfrau, 16 Jahre Christian Reichels, Mahlergesellens Tochter, welche am 19. October erschossen worden ist, auf der Sandgasse. Das Leichenbuch bei der hiesigen Leichenschreiberei sagt (unter dem 21. October Vol. XXXVII): „Eine Jungfrau, 16 Jahre, Christiane Friederike, Christian Reichels, Mahlergesellens, welche am 19. October in ihrer Eltern Wohnung durch eine Kugel erschossen wurde, auf der Sandgasse."...

II.) Laut Leichenzettel vom 30. October-5. November: Eine ledige Mannsperson, 39 Jahre, Carl Friedrich Schwabe, Bürger und Kramer, welcher am 19. October in seinem Logis durch einen Schuß tödtlich verwundet worden ist, in der Fleischergasse.

Diese Angabe des Leichenzettels scheint nicht genau zu sein. Der hier Erwähnte ist wohl mit vollständigem Namen Johann Carl Friedrich Schwabe, welcher im Kramerverzeichnisse des Leipziger Adreßkalenders von 1813 angeführt wird mit dem Beisatze: Petersstraße 56 (jetzt Nr. 29), wo wahrscheinlich sein Geschäft sich befand. Daß es derselbe ist, scheint um so wahrscheinlicher, da sein Name im Adreßkalender des folgenden Jahres, 1814, gestrichen ist. Genauigkeit in der Angabe seines Namens war aber um so nothwendiger, da ein anderer „Carl Friedich Schwabe“ sich auch in der damaligen Kramerliste befindet (Hainstraße 352, jetzt 15). Das Leichenbuch bei der Leichenschreiberei setzt zu dem, was der Leichenzettel berichtet, noch hinzu: „starb den 30. Oct.“

III.) Auf demselben Leichenzettel mit dem allgemeinen Ausdrucke als „verunglückt“ bezeichnet: Ein Mann, 47 Jahr, Christian Ehrenhold Borges, Friseur, welcher am 17. October auf hiesigem Gottesacker verunglückt ist, auf der Johannisstraße. Das erwähnte Leichenbuch setzt unterm 3. November hinzu: „starb den 2. Nov. früh 10 Uhr.“

Das gedruckte „Verzeichnis der in dem zurückgelegten 1813. Jahre in Leipzig Getrauten, Geborenen und Verstorbenen“ (1 Blatt in Fol.) führt B.'s Namen unter den „Bemerkenswerthen Todes- und Unglücksfällen“ nicht auf und gedenkt nur der „Sieben am 19. October beym Bombardement der Stadt Leipzig in ihren Wohnungen durch Granatenkugeln dergestalt tödtlich verwundeten Personen, daß sie sämmtlich in einem Zeitraum von 17 Tagen verstarben.“ Daß die Tödtung aller dieser Personen durch Granatenkugeln erfolgt sei, ist nach dem von uns in den einzelnen Fällen Bemerkten unrichtig.

Hierzu noch einige Bemerkungen und Vervollständigungen!

Der Leichenzettel vom 23.–29 October verzeichnet: „Eine ledige Mannsperson, 34 Jahr, Joh. Siegm. Baumann, in der Petersstraße, welcher am 19. October in seinem Logis tödtlich verwundet worden ist.“ Es ist dies unstreitig der in: Naumann, Die Völkerschlacht bei Leipzig *(unter)* h) Erwähnte. Der Leichenzettel führt ihn auf unter dem Zusatze: „Berichtigung von voriger Woche: den 21. October ist begraben worden“ u.s.w. (Tageblatt 1813. Nr. 304.) ...

Die in dem Leichenzettel vom 23.–29.October in folgender Weise: „Ein Mädchen, 12 Jahr, Johann Gottfried Müllers, verabschiedeten Musketiers Tochter, welches am 19. October durch einen Schuß tödtlich verwundet wurde, auf der Hintergasse.“ angeführte Person ist jedenfalls identisch mit der von Gesell in dem Verzeichnisse bei Naumann, a. a. O. *(unter)* d) aufgeführten Therese Müller. Dort wird die Veranlassung zu ihrem Tode anders erzählt.

In dem angeführten Leichenbuche bei der hiesigen Leichenschreiberei ist unter dem 26. October angeführt: „Ein Mädchen, 12 Jahr, Johanne Christiane Theresie, Johann Gottfried Müllers, verabschiedeten Musquetiers, auf der Hintergasse, welche am 19. durch einen Schuß im Logis tödtlich verwundet wurde, starb den 23. Oct. früh halb 9 Uhr.“

Zu Naumann a.a.O. *(unter)* b) sei noch erwähnt, daß der Leichenzettel vom 6.–13. November das Alter des in der Wohnung seines Vaters, des Adv. Römisch (Katharinenstraße 374–375, jetzt 26–27) tödtlich verwundeten Kindes auf vier Jahre angiebt, womit das Leichenbuch unterm 11. Novbr. übereinstimmt; sowie ebendaselbst zu 418. g. zu bemerken ist, daß der erwähnte Bäckergeselle Joh. Glob. Krebs 20 Jahre alt und hinterlassener Sohn von Johann Gottlob Krebs, Bürger und Weißbäcker hierselbst, war.

Ueber den a.a.O. unter e. Erwähnten giebt das Leichenbuch der Leichenschreiberei unter dem 22. October folgende Notiz: „Ein Mann, 54 Jahr, Johann Friedrich Hollinger, Seidenwirkergeselle, welcher am 19. Oct. beim Bombardement in seinem Logis erschossen worden ist am Grimmaischen Steinwege."

Das Verzeichnis der in Leipzig während der Schlachttage verunglückten Personen scheint durch unsere bisherigen Angaben vollständig zu sein. Ich sage scheint; denn in dem Begräbniß- (oder Leichen-) Zettel jener Zeit findet sich z.B. weder eine Notiz von dem a.a.O. *(unter)* a) als durch eine Kanonenkugel getödtet aufgeführten, dem Namen nach unbekannten Krankenwärter des Johannis-Spitales, noch von dem ebenda selbst genannten und nicht näher bezeichneten Munkelt. Ebenso berichtet Leonhardt (Merkwürdige Ereignisse u.s.w. aus der Zeit vor, während und nach der Völkerschlacht bei Leipzig. Leipzig 1863. S. 46), daß auch der Maler R... (jedenfalls der Vater der oben unter I. erwähnten sechzehnjährigen Reichel von einer Kanonenkugel getroffen worden und nach einigen Tagen gestorben sei, wovon die officielle Begräbnißliste nichts weiß. Man kann demnach wohl schließen, daß die Zahl der in der Stadt Verunglückten sich nur annähernd feststellen läßt, und daß, wie auch die oben erwähnte Notiz des Leichenzettels vom 16.–22. October *(vgl. unter)* I) zu vermuthen gestattet, wohl der und jener Verunglückte begraben worden sein mag, ohne daß sein Name zur officiellen Kenntniß gelangte. Ungenauigkeiten mögen in jenen stürmischen Tagen der Schlacht oft mit untergelaufen sein und sind durch die damaligen Umstände gar wohl zu entschuldigen. So ist der von uns früher (in: „Zum 19. October 1864") erwähnte, von einem französischen Soldaten am 18. October erstochene Carl Heinrich Polle nicht „Academicus", wie der Leichenzettel sagt, sondern Mechanikus bei der Universität gewesen (s. Adreßkalender von 1813).

Ungleich zahlreicher als die während der Schlacht direct Verunglückten waren diejenigen, welche in Folge des durch dieselbe entstandenen Nervenfiebers starben, und eine tabellarische Uebersicht mag hier daran erinnern, wie gewaltig die Sterblichkeit nach den Schlachttagen unter der nur etwa

34 000 Köpfe (...in 1 405 Häusern, laut Adreßkalender von 1813) betragenden Einwohnerschaft zunahm und wie hoch sie bis in den April 1814 stand, wo sie erst wieder auf das damals normale Verhältniß zurückkam. Es wurden nämlich in Leipzig begraben:

	Personen		Personen
16.-22. Oct.	71	22.-28. Jan.	93
23.-29. Oct.	113	29. Jan.-4. Febr.	80
30. Oct.-5. Nov.	97	5.-11. Febr.	81
6.-12. Nov.	146	12.-18. Febr.	66
13.-19. Nov.	185	19.-25. Febr.	60
20.-26. Nov.	215	26. Febr.-4. März	60
27. Nov.-3. Dec.	199	5.-11. März	74
4.-10. Dec.	184	12.-18. März	48
11.-17. Dec.	202	19.-25. März	59
18.-24. Dec.	184	26. März-1. April	33
25.-31. Dec.	141	2.-8. April	45
1.-7. Jan. 1814	107	9.-15. April	35
8.-14. Jan.	98	16.-22. April	37
15.-21. Jan.	113	23.-26. April	22

Am Schlusse des mehr erwähnten XXXVII. Bandes des Leichenbuches der hiesigen Leichenschreiberei findet sich (Ende December) die Notiz: „Die ganze Summe der allhier in diesem Jahre begrabenen Civilleichen ist 3 499 Personen, indem alle allhier begrabenen Militairpersonen nicht mitgezählt werden durften!“

VERWENDETE QUELLEN UND LITERATUR

Archiv der Apostelkirche Großzschocher: Persönliche und schriftliche Aufzeichnungen v. J. 1812 an von Pfarrer Ludwig Wilhelm Gottlob Schlosser, darin: Historische und andere Nachrichten, die Kirche u. Schule, das Pfarramt und die Gemeinde zu Großzschocher und Windorf betreffend (Transkription: Theresa Schmotz im Auftrag der Interessengemeinschaft Chronik Großzschocher-Windorf)

Bergk, Johann Adam und Wagner, Johann Jacob: Siegesplätze der Völkerschlacht oder Ansichten der Dörfer bei Leipzig merkwürdig geworden durch die Schlacht am 16ten bis 19ten October 1813, 2. Teil, Leipzig 1815

Grautoff, Ferdinand: In Leipzig während der Völkerschlacht und anderes von der Franzosenzeit aus alten Familienpapieren, Leipzig 1913

Henningsen, Nicolaus (Hrsg.): Aus den Kriegsjahren 1806–1813. Erlebnisse des sächsischen Landpredigers Ludwig Schlosser, Köln 1900

Hußell, Ludwig: Leipzigs Schreckenstage während der Völkerschlacht. Nach eigenen Erlebnissen und Anschauungen dargestellt, Leipzig 1863

Hußell, Ludwig und Wagner, Johann Jacob: Siegesplätze der Völkerschlacht oder Ansichten der Dörfer bei Leipzig merkwürdig geworden durch die Schlacht am 16ten bis 19ten October 1813, 1. Teil, Leipzig 1814

Der Leipziger Totengräber in der Völkerschlacht. Seine Erlebnisse bei der Erstürmung Leipzigs am 19.Oktober 1813 und die Greuel auf dem Gottesacker überhaupt. Nach einer hinterlassenen Handschrift, Leipzig 1913

Naumann, Robert: Aus dem Jahre 1813, Leipzig 1869

Naumann, Robert: Die Völkerschlacht bei Leipzig – Nebst Nachrichten von Zeitgenossen und Augenzeugen über dieselbe, Festgabe für die Mitglieder des Vereins zur Feier des 19. Oktober 1813 im Jahre 1863, Leipzig 1863

Pertz, Georg Heinrich: „Das Leben des Ministers Freiherrn vom Stein“, Band 3, Berlin 1851

Schmotz, Theresa: „Lieber ein Wagenrad über sich weggehen lassen, als einen Prozeß mit seiner Gemeinde anfangen“. Leben und Schaffen des Pfarrers und Chronisten Ludwig Wilhelm Gottlob Schlosser (1774–1859), in Großzschocher-Windorf. Aus der Geschichte eines Leipziger Ortsteils, Ergänzungsband 2, Leipzig 2007

Staatsarchiv Leipzig, Leichenbücher der Totengräber 1807–1832, Leichenbücher der Leichenschreiber 1809–1813, 1814–1819

Stadtarchiv Leipzig, Akten des Neuen Johannisfriedhofes Cap.15 Nr.11

Vater, Auguste: Was wir erlebten im October 1813, Leipzig 1845 (Denkschrift für den Verein zur Feier des 19. Octobers in Leipzig)

BILDNACHWEIS

Archiv der Apostelkirche Großzschocher-Windorf: 7, 11; **Archiv Pro Leipzig:** 2, 42, 57, 68, 72, 85, 142/143; **Stadtgeschichtliches Museum Leipzig:** Einband, 13, 33, 34/35, 36/37, 38/39, 58/59, 60/61, 63, 82/83, 88, 99, 142/143; **Universitätsbibliothek Leipzig:** 93, 96, 100, 102, 104, 107, 110, 113, 117, 121, 125, 128, 131, 134, 136, 140

DANK

Ein herzlicher Dank von PRO LEIPZIG gilt allen Personen und Einrichtungen, die Zuarbeiten und Materialien bereitstellten, so u. a. Ursula Drechsel, Theresa Schmotz, Michél Kothe vom Verein Preußen von Möckern 1813 e.V., Dr. Reinhard Münch, Werner Franke von der Interessengemeinschaft Chronik Großzschocher-Windorf, Christoph Kaufmann vom Stadtgeschichtlichen Museum, den Mitarbeitern der Universitätsbibliothek, des Sanitäts- und Lazarettmuseums Seifertshain und des Soziokulturellen Zentrums KuHstall e.V. in Großpösna.
Für die finanzielle Unterstützung dankt PRO LEIPZIG der Bürgerstiftung Leipzig und dem Verband Jahrfeier Völkerschlacht bei Leipzig 1813 e.V.

Mehr zum Thema Völkerschlacht 1813 unter
www.1813voelkerschlacht.eu

1813 Völkerschlacht

EINBAND: Ausschnitt aus „Gefangene und Verwundete auf dem Johannisfriedhof Leipzig am 19. Oktober 1813", Öl auf Leinwand von Ernst Wilhelm Straßberger

Redaktion, Satz und Gestaltung: Dr. Thomas Nabert
Lektorat und Biografien: Dr. Andrea Nabert
Bildbearbeitung: Peter Schiefner
Druck: PB Tisk
ISBN: 978-3-936508-64-2